SHODENSHA SHINSHO

陵の誕生

昇

祥伝社新書

はじめに

これから皆さんとご一緒に、天皇陵について考えていくことにしたい。天皇陵については、さまざまな人びとが、実にさまざまな意見をもっている。ある人は、そこは決して侵すべからざる「聖域」だと言い、またある人は、そこを発掘調査しないことは「考古学界の昼寝」だとまで言い切る。

しかし考えてもみれば、「聖域」だ、「昼寝」だと言っても、それは、天皇陵の実態をよく知っての上のことではない。何せ、天皇陵は宮内庁（かつては宮内省）の厳しい管理下にあって、一般社会とは隔絶されているのである。それも「聖域」であればこそだ、と言ってしまえばそれまでではあるが、それでは、そもそも天皇陵とはどのように形作られてきたのか、その由縁をひもとこうというのが本書の目論見である。

ただし断っておくが、本書が扱おうとするのは、決して古墳時代の話ではない。古墳と天皇陵とは全く別のカテゴリーであって、古墳の中のあるものが天皇陵とされているという関係にある。さらに言えば、天皇は古代から綿々と続いて来たものであるから、古墳ばかりが天皇陵だというのでもない。実際、古墳以外のものは、天皇陵の中の多くを占めるのである。本書では、むしろそちらの方にも充分に眼を向けることにしたい。つまり、本書は決して考古学の立場から、あるいは、古墳を論ずるために、天皇陵をみようというのではない。

それでは、本書では、天皇陵についてどのようなアプローチをしようというのか。それは、天皇陵というものが、いつ頃どのようにして誕生し、それがどのように今日まで受け継がれてきたのかということについて、論じようとする視点によってである。本書のタイトルを『天皇陵の誕生』とした所以《ゆえん》である。あえて言えば、時代の枠組みを越えた文化史的な取り組みといってよいであろう。

前口上ばかり長くても仕方がない。早速「目次」の次から天皇陵についての話が始まる。各位に関心を持っていただければ幸いである。

平成二十四年二月七日

外池《といけ》 昇《のぼる》

目　次

目　次

目　次

凡例

本書ではより多くの読者に親しんでいただくために、史料の引用にあたっては、原史料の主旨や体裁を損ねない範囲で、旧漢字は現行の字体に改め、適宜ふりがなをつけ、カタカナが続いて分かりにくい場合はひらがなに改める等した。

序　天皇陵は「聖域」か

今日、天皇陵をはじめとする陵墓が宮内庁によって厳しく管理されていることはよく知られている。次のエピソードも、その実態をよく反映するものである。登場するのは、日本民俗学の創始者柳田國男《やなぎたくにお》とその高弟折口信夫《おりくちしのぶ》、折口の内弟子岡野弘彦《おかのひろひこ》、そして聖徳太子墓を護《まも》る「若い衛士《えいし》」である。

折口信夫は岡野弘彦をともなって、敬愛する師・柳田國男を伊勢《いせ》・大和《やまと》・大阪・京都に案内した。昭和二十五年十月二十四日には東京を「つばめ」で出発し宇治《うじ》泊。二十五日は伊勢神宮の内宮《ないくう》に、二十六日は外宮《げくう》に参拝。二十七日は伊雑宮《いざわのみや》に参拝。二十八日は橿原《かしはら》神宮に参拝の後、当麻寺《たいまでら》中ノ坊に泊。

さて、二十九日のことである。岡野弘彦氏の『折口信夫の晩年』（昭和四十四年六月、中央公論社）から引く。

二十九日は、当麻から自動車で竹内峠《たけのうち》を通り、上《かみ》ノ太子、誉田《こんだ》八幡などに参り、道《どう》明寺《みようじ》・藤井寺《ふじいでら》を経て大阪に入る予定だった。

聖徳太子の廟、上ノ太子は道の右側の広く高い石段を上ったところにある。登ってゆくと、石工が二人、秋の陽ざしの中で石の上にあぐらをかいて、のんびりとのみの音をひびかせていた。

折口先生は、その石工の脇を通りぬけて、奥の方へ柳田先生を案内してゆかれる。私も後について、細くじめじめした石畳の道をたどり、丸い古墳をひと回りしてもとのところへもどってくると、そこに、若い衛士が待ちうけていて、いきなり、「いい年をした者が、聖域を犯すとは、何ごとだ」と、大変な形相でどなりだした。

私たちには、どうしてこんなことになったのか、しばらく理由がのみ込めなかった。さっきも折口先生が説明していられたのだが、先生が少年の頃、幾度か来られた時分には、一般の参拝者がもっと多くて、古墳のまわりの石畳の道には、願いごとを書いた千本幟がいっぱい立っていたらしい。現にここまで登って来る広い石段なども、整然と白砂を敷きつめた他の御陵とは違って、長い間にわたって崇敬者の足で踏みくぼめられた、お寺の参道という感じであった。

後に太子の御陵として、宮内省が管轄して厳しい垣を設け、衛士を置いたのである。しかしこの日は折悪しく、石工が垣を全部とりはずして修理していた。広場の隅のほうにある衛士の詰所《つめしょ》にも、私たちは気がつかなかったのだ。

いくら折口先生がそのことを説明されても、自分のことばに自分で興奮を深めてゆく衛士は、ますますいきり立って、三人めいめいで始末書を書けという。私が写真機を持っていることや、ついには柳田先生がステッキをついていられることまで数えあげて、度を越した意地悪さが感じられた。先生は、

「あちらにいられる方は、私の恩師なのだ。私の不注意から、先生に始末書をお書き願うわけにはいかない。案内をした私と、写真機を持っているこの青年とが、始末書を書けばそれでいいではないか。」

といわれる。そんなに、怒りを押しこらえ、我慢して人にものを言われる先生を、私は

それまで見たことがなかった。

そのときまで、少し離れたところでなりゆきを見ていられた柳田先生が、とうとう我慢ならなくなったのであろう。袴《はかま》の裾を、白足袋《たび》の足でぱっぱっと鮮やかに蹴立てて出てこられた。衛士の間近くまでつめ寄り、さっとステッキを突き立てて、その上に両掌を重ね、体を斜に構えられた。この一連の動作はきわめてあざやかで、名優が舞台の上で見得《みえ》の型に入るときのように水際《みずぎわ》だっていた。そして語気鋭く言い立てられた。

「なぜ君は、石工が垣を取りのけたあとに、立入禁止の掲示を出しておかないのか。非は君自身にある。その責めを何も知らなかった者にばかり負わせようとするのは、卑劣ではないか。」

衛士は気鋒をくじかれたように、少しずつしずかになった。折口先生と私は、こっちから衛士をうながして詰所へ行ったが、もう始末書を書けとはいわなかった。

私たちが詰所を出てくるまで、石段の上で様子を見ていられた柳田先生は、急に身をひるがえして、たったっと急な石段を一気に下りきって、自動車に入ってしまわれた。その後を追いながら、折口先生は言われた。

「僕もふだんは随分気の短いほうだが、今日は我慢しとおした。でも柳田先生は立派だね。奮然として怒られるね」と。

こんなことがあってから、一行はその日のうちに誉田八幡に参詣、大阪に出て近畿民俗学会の例会に参加し、翌三十日は京都伏見《ふしみ》の稲荷《いなり》神社に参拝した。三十一日にこの旅行は終わって、ひとり岡野は伊勢一志《いちし》郡の実家に戻り、十一月一日には柳田と折口は帰京したのである。

ここで注目すべきは、何といっても「若い衛士」による「聖域を犯すとは、何ごとだ」との言であろう。柳田も折口も岡野も、別に「太子の御陵」をどうこうしようとしたのではない。また、聖徳太子墓を「聖域」とする考え方に異を唱えたのでもない。古墳で仕事中の石工の傍らをただ通り過ぎただけである。それを「若い衛士」が問答無用に怒鳴りつけたのである。せっかくの師弟の旅行に水を差したこの「聖域」とは、また、「聖域」という考え方とはいったい何なのか。どうやらただの墓所というのではなさそうである。

この「太子の御陵」は「宮内省が管轄」（ただし、この旅行の時点〔昭和二十五年〕には宮内庁）していたのであるから、だとすれば、「聖域を犯すとは、何ごとだ」とのことばは「若い衛士」個人の考え方ではなく、「太子の御陵」の管轄官庁である宮内庁の認識に沿ったものとみるべきであろう。つまり、「聖域」という考え方は管轄官庁による公的な見解なのである。

本書では、この、天皇陵をはじめとする陵墓を「聖域」とする考え方をひとつの手掛かりとしながら、天皇陵をめぐる問題について取り上げることにしたい。天皇陵を「聖域」とする考え方は、いつ頃どのようにして形作られたものなのか。どのような根拠があるのか。また、いったん「聖域」とされてしまえば二度と学術・研究の対象となることは許されないのか。差し当たりこのような事柄が話題となることであろう。

公式によって解かれた数学の問題のようにただひとつの正答が導き出される訳もないことは重々承知しているが、それでも関連のありそうな論点をいくつか設定し、行きつ戻りつしながら、少しずつページを進めてゆくこととしたい。

一章　天皇陵は本物か

——証明法の謎

古墳には被葬者を記した「墓誌《ぼし》」がない

本書を読み始めてくださった皆さんの最大の関心事は、おそらく、今日宮内庁が管理する天皇陵は確かに本物か、ということではないだろうか。もちろん、天皇陵といっても古代から現代まで時代はさまざまなのではあるが、取りあえず本章では、古墳時代に話を絞ることにしよう。とすればまず、そもそも古墳というものは、そこに何という名前の人が葬られているのか後世にはわからなくなってしまうように造られているということから、述べなくてはなるまい。

現代に生きるわれわれにしてみれば、葬られている人の名が墓に記されているというのは当たり前のことである。常識である。ところが当然のことながら、古墳時代のことを考えるためには現代の常識は通じない。何と、古墳には葬られた人の名を記した墓誌《ぼし》が残されることはないのである。このことは、わが国の古墳一般を通じてそうである。

もっとも、なぜそうなっているのかということについては実証的な説明はできない。古墳から出土する文字資料は、副葬品として納められた鉄剣に刻された銘文等に限られるのであって、しかもそこには、古墳に葬られた人の名が記されることはない。古墳をどのような理念でどのような方法でどのような形に造り上げ、また、どのような祭祀をしたのかについて考えるためには、外形観察や発掘などといった考古学的な方法に拠《よ》る他はない。古墳の築造や形態、そして祭祀について直接的に示す文献史料は残されていないのである。

しかしながら、実際には関西地方に数多く存する巨大古墳の多くには、「○○天皇陵」等というように、天皇の名が堂々と記されている。これはいったいどうしたことなのであろうか。重要な問題である。今述べたように、古墳に葬られている人の名など本来わかりようもないからである。いったい何が根拠で「○○天皇陵」等というのであろうか。

実をいえば、「○○天皇陵」等とあるのも全く根拠がないことでもない。その根拠というのは、古墳時代からはるか後世に成った文献史料である。具体的にいえば、和銅五年（七一二）正月に成った『古事記』、養老四年（七二〇）五月に成った『日本書紀』、そして、延長五年（九二七）十二月に完成奏上され、康保四年（九六七）十月に施行された『延喜式《えんぎしき》』中の「諸陵寮式《しょりょうりょうしき》」（以下、『延喜式』とする）である。これらには天皇陵の場所が記されているのである。

それならば、『古事記』や『日本書紀』、そして『延喜式』にみえる天皇陵についての記述と、現実にある古墳とを突き合わせて、どの古墳が「○○天皇陵」であるとする方法も成り立つ余地はありそうにも思える。ここでしばらく、このような天皇陵決定の方法についてみることにしたい。

応神《おうじん》天皇陵は、何を根拠に決められたか

とはいえ、いつまでも一般論ばかりではつまらなくもあり、またわかりにくいことでもあろう。以下しばらく応神《おうじん》天皇陵を例にとって話を進めることにしたい。

応神天皇陵について、『古事記』をみると「御陵は川内《かわち》の恵賀《えが》の裳伏《もふし》の岡に在り」とある。次に『延喜式』をみると「恵我藻伏崗陵軽嶋《かるしまの》明《あきらの》宮《みや》御宇応神天皇。河内国志紀《しき》郡に在り。兆域《ちょういき》東西五町。南北五町。陵戸二烟。守戸二烟」とある。

それでは『日本書紀』には何とあるのかというと、まことに興味深いことに『日本書紀』は、応神天皇陵についての記述を欠くのである。これは応神天皇陵についての特別な事情であって、なぜこんなことになっているのかについては、少なくとも今日の段階では整合的な説明をすることができない。

さて、文献史料を根拠にどの古墳が応神天皇陵かを考えるには、当然ながら場所についての記述が重要である。つまり、「川内」（『古事記』）、「河内国志紀郡」（『延喜式』）とあるのが大きな手掛かりになる。そうしてみると、『古事記』の頃に「川内」、『延喜式』の頃に「河内国志紀郡」とされた場所に、「東西五町。南北五町」という規模の古墳があれば、それが『古事記』と『延喜式』を根拠とした場合の応神天皇陵ということになる。『古事記』にみえる「川内」を「河内」と考えて、『延喜式』の記述とを併《あわ》せれば、おおよその範囲は見当がつこうというものである。今日の大阪府の東南部である。

そして、応神天皇陵について「東西五町。南北五町」とするのは、「河内国」に存する天皇陵についての『延喜式』の記述の中で最大の数値であるから、「東西五町。南北五町」というのが具体的にどのような規模を示すものであろうとも、取りあえずは、「河内国」に存する最も大きい古墳が応神天皇陵とされることになるのが理屈である。旧「河内国」に現存する古墳の中で最も大きい古墳は誉田《こんだ》御廟山《ごびょうやま》古墳（大阪府羽曳野《はびきの》市誉田《こんだ》）であって、この古墳は今日宮内庁によって「応神天皇陵」とされている。

そうしてみれば、このような方法による限り、この誉田御廟山古墳が応神天皇陵であることについて疑いを差し挟む余地はないということになる。しかも、応神天皇陵に接して鎮座する誉田八幡宮の主祭神は応神天皇なのであるから、ますますその確信は強くなろうというものである。

とすれば、なんだ、それでは古墳に「○○天皇陵」とあるのは、きちんとした根拠のあることではないか、ということになる。古墳に葬られた人の名を記す墓誌が古墳から出土することはないといっても、後世に成った文献に拠って考察すれば、どの古墳がどの天皇の陵なのかを決めることは充分できるではないか、と。

しかし、ここで考えていただきたい。この「応神天皇」というのはあくまでも『古事記』『日本書紀』、また『延喜式』にみられる天皇の諡号《しごう》(亡くなってから贈られる名)なのであって、決して古墳そのものから知ることができたものではないのである。このことには充分注意が払われなければならない。

仮に古墳時代のピークを五世紀として、『古事記』『日本書紀』が成ったのが八世紀、『延喜式』に至っては十世紀である。この間に流れたのは決して短い年月ではない。はた

［地図1］**応神天皇陵〔誉田御廟山古墳〕**（大阪府羽曳野市）

してこれらの文献は、遠い何百年もの過去の天皇陵の所在地を記すにあたって、どのような根拠に拠ったのであろうか。この点が明らかにされることなしに、この問題に答えが出されることはない。それに、先にも触れたように、『日本書紀』には応神天皇陵についての記述がない。これはなぜなのか。決して看過することができない大きな問題である。

中国の歴史書と、『古事記』『日本書紀』との矛盾

また、応神天皇について考える時には、『古事記』『日本書紀』もさることながら、より近い時期に成った文献史料として、中国の歴史書である『宋書《そうじょ》』「倭国伝《わこくでん》」（四八八年完成。以下、『宋書』とする）の記述を参照することが欠かせない。近い時代に成った文献史料を重視するというのは、理にかなった姿勢である。

ここで『宋書』にみえる倭の五王と、『古事記』『日本書紀』にみえる同時代の天皇の系譜を比較してみよう（図1「『倭の五王』と天皇の系譜」）。

これを一見すれば明らかな通り、「倭の五王」は文字通り五代であるのに対して、天皇は七代である。そしてそもそも『宋書』には「王」とあるが、『古事記』『日本書紀』には

「天皇」とある。「王」と「天皇」とを同じに考えることはできない。「天皇」という王権を体現する人の称号なり、その性格なりについては、しばしばわが国独自のものとして評価される。

さらに言えば、その称号がいつから始まったのかということは、とても重大な問題である。ここではその問題に深入りはしないとしても、仮に古墳時代のピークを五世紀として、その頃からすでに「天皇」という称号が用いられていたとは到底考えることはできない。

しかも、『古事記』『日本書紀』にみえる七代の天皇はいずれも系譜の上で血縁関係が認められるのに対して、『宋書』にみえる「倭の五王」は、「珍《ちん》」と「済《せい》」の間で血縁関係が途切れている。古くは江戸時代から、この二つの系譜の矛盾を何とか説明しようという試みは繰り返されてはきたものの、結論から言えば、倭王「武《ぶ》」が雄略《ゆうりやく》天皇に当たるであろうことの他には、確たる説はない。

つまり、歴史的事実を追究しようとする場合、『宋書』は近い時代に成った文献史料としてその価値は認められなければならない。「応神天皇陵」について『古事記』や『延喜式』に記されているとはいっても、それは「応神天皇陵」とされる誉田御廟山古墳が築造された当時の歴史的事実を反映したものではなく、『古事記』が成った八世紀の、あるいは、『延喜式』が成った十世紀の頃の認識のあらわれとみなければならない。

こうしてみると、右に述べた、『古事記』、また『延喜式』の記述からすれば、現在応神天皇陵とされている古墳について疑いを差し挟む余地はない、との議論は、全く根底から覆《くつがえ》されることになってしまった。いったいあの古墳には誰が葬られているのか。謎は尽きることはない。

という訳で、学問的な議論をする時にはこの古墳のことを応神天皇陵とは呼ばない。「誉田御廟山古墳」、あるいは「誉田山古墳」と呼ぶ。これは、地元に伝わる古文書にみえる名称を古墳の名称として採用したものである。場合によっては、「伝応神天皇陵古墳」、また「現応神天皇陵古墳」とする呼び方もあるにはあるが、この古墳に応神天皇が葬られていることが証明できない以上、こうした呼び方は、決して正鵠《せいこく》を得たものとは言えない。

応神天皇陵以外の場合についても、学問的な見地からは「〇〇天皇陵」とはせずに、地

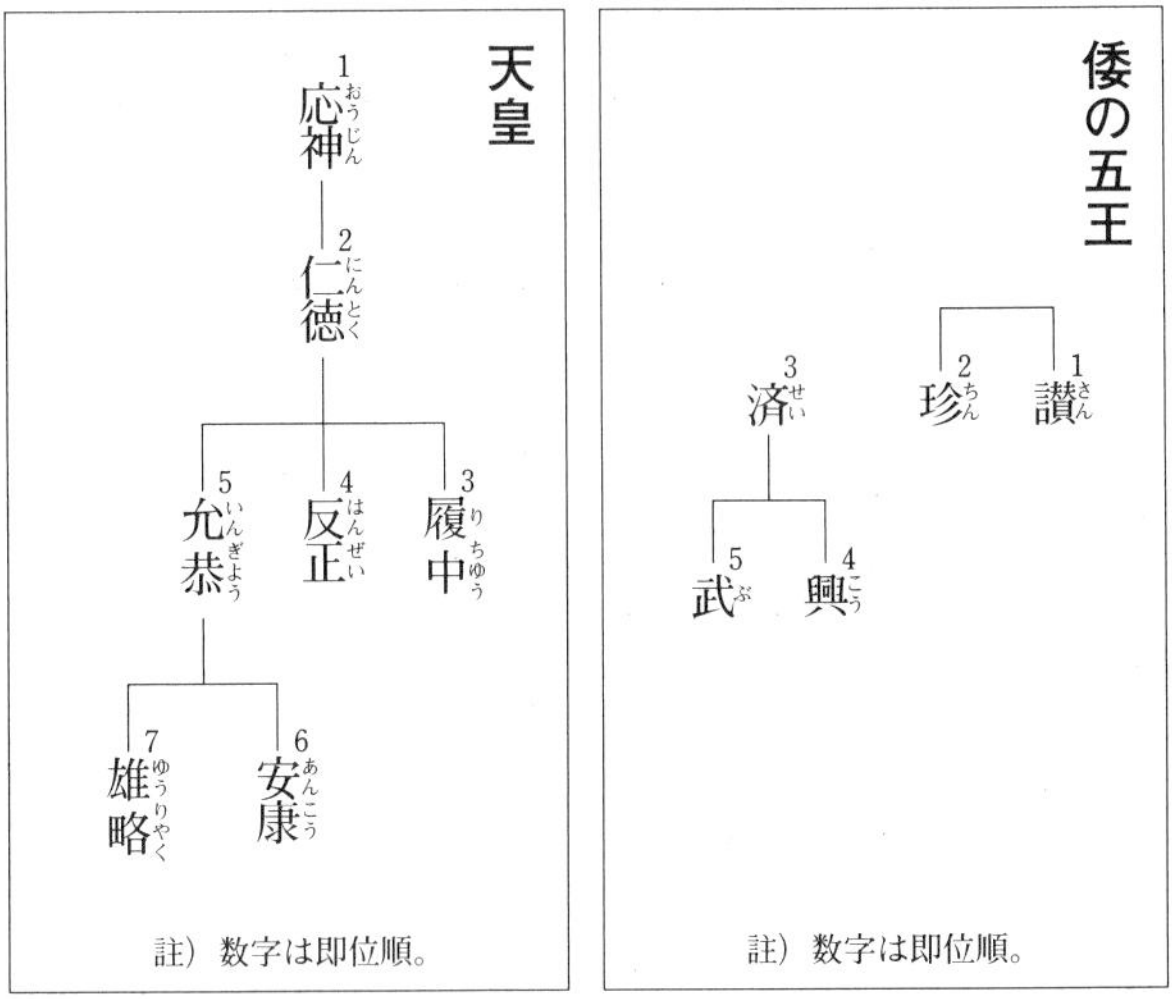

［図1］「倭の五王」と天皇の系譜

元の呼び方を古文書や地名に求めて古墳の名称とするのが一般的である。たとえば、「仁徳《にんとく》天皇陵」（大阪府堺《さかい》市）を大山《だいせん》古墳・大仙陵《だいせんりょう》山古墳、「継体《けいたい》天皇陵」（大阪府茨木《いばらき》市）を太田茶臼山《おおたちゃうすやま》古墳、「欽明《きんめい》天皇陵」（奈良県高市《たかいち》郡明日香《あすか》村）を平田梅山《ひらたうめやま》古墳という等である。

　このような古墳の名称こそが、古墳そのもの、あるいは古墳に葬られている人について、『古事記』や『日本書紀』、また『延喜式』といった、古墳が築造されてからはるかに後世に成った文献史料の呪縛《じゅばく》に因《とら》われずに、考古学独自の方法に基づく考察を加えることができるための前提として、相応《ふさわ》しいというべきである。

宮内庁の姿勢に対する疑問

ここまで論じてきて、古墳が現に天皇陵とされている場合でも、学問の上では「〇〇天皇陵」とは呼ばないとして、それでは、「〇〇天皇陵」という名称を用いるのはいったい誰なのかという疑問にたどり着く。それは今日の宮内庁、戦前では宮内省である。

なぜ宮内庁（宮内省）は古墳のあり方を学問の上での手順に従って認識せず、後世の文献史料に無批判に依拠した呼び方を採用しつづけているのであろうか。

さらに言えば、宮内庁はこのような論法によって「〇〇天皇陵」とされた古墳を、当時から現在まで皇室によって連綿と祭祀が継承されてきた「聖域」として厳重に管理し、ごくわずかの例外を除いては、学術目的であっても墳丘に入っての観察を許していないのである。「序」でみた、柳田國男《やなぎたくにお》・折口信夫《おりくちしのぶ》・岡野弘彦《おかのひろひこ》と聖徳太子墓を護る「若い衛士」との間の悶着《もんちゃく》も、この文脈で理解できようというものである。

さらに言えば、宮内庁は「○○天皇陵」といったん決定した所を、たとえば墓誌等の、文字の上で一〇〇パーセント確実な資料が出て来ない以上、決して改めることはないと一貫して述べる。しかし右にみてきた通り、そこが古墳であればこそ、そもそも墓誌は出土する訳もないのである。このような、いわば堂々めぐりの議論では何も進まない。

また、考古学的な方法に拠る古墳の研究にあって、被葬者の名を、『古事記』『日本書紀』をはじめとする後世に成った文献史料に求めるということについても、改めて考え直したいところである。考えてもみれば、考古学というのは遺跡・遺物そのものから直接当時の政治・社会・文化等について考察をめぐらすところに本質がある学問であろう。そうであれば、何もわざわざはるか後世に成った文献史料に被葬者を求める必要など、本来全くないはずである。それをあえてすることに、はたしてどのような意味があるというのであろうか。

森浩一《もりこういち》氏による四十六年ぶりの意見修正

しかしそれでも、古墳も、『古事記』や『日本書紀』、また『延喜式』といった文献史料も、ともにわが国の歴史・文化を今日に伝える大切な資料であることには違いない。さまざまな研究者によって、どの古墳がどの天皇陵であるかについての説は主張されている。そして、なぜ、それぞれの研究者によって説が異なるかについては、読者の皆さんには、もうその理由がご理解いただけていることであろう。

これについては、興味深い新聞記事がある。平成二十三年十一月十六日付『読売新聞』文化欄に掲載された「『天皇陵』信頼度の改定版／森浩一《もりこういち》・同志社大名誉教授46年ぶり、大胆考察も」（大阪文化・生活部清岡央氏）である。この記事は、森浩一著『天皇陵古墳への招待』（平成二十三年八月、筑摩選書）と、同氏が四十六年前の昭和四十年四月に著した『古墳の発掘』（中公新書）とを比較して、どの古墳がどの天皇陵であるかについての説が、大幅に変更されていることに注目したものである。

同記事は、この間の変化について手際よくまとめているが、いくつか例を取り上げてみることにしたい。

森浩一氏は、宮内庁による天皇陵の指定について、垂仁《すいにん》天皇陵と履仲《りちゅう》天皇陵については、昭和四十年には「妥当なようであるが、考古学的な決め手を欠く」としていたが、平成二十三年には「墳丘の形式が天皇の順位とはなれている」とし、応神天皇陵については、昭和四十年には「ほとんど疑問がない」としていたが、平成二十三年には「妥当なようであるが、考古学的な決め手を欠く」としている。仁徳天皇陵については、昭和四十年には「ほとんど疑問がない」としていたが、平成二十三年には「墳丘の形式が天皇の順位とはなれている」とし、さらに反正《はんぜい》天皇陵については、昭和四十年には「墳丘の形式が天皇の順位とはなれている」としていたが、平成二十三年には「妥当なようであるが、考古学的な決め手を欠く」と位置付けたのである。

このように、同じ研究者であっても長年にわたる研究の進展にともなって、どの古墳がどの天皇陵であるかについての説は変化することがあり得るのである。そもそも学問というものは、そうあるべきものであろう。

であればこそ、宮内庁が古墳を天皇陵として管理する実態がどのようなものであるかは、大きな問題とならざるを得ないのである。宮内庁は、古墳時代を研究する考古学者や歴史学者、天皇陵を研究する歴史学者、そして、古墳時代に関心を寄せる人びとすべてに対して、自ら管理する古墳についての質の高い学問的なデータを、必要かつ充分なだけ提供しようとする姿勢を有しているのであろうか。

応神天皇陵の前方部から発見された土壇《どだん》

ここでは、その問題点について、ここでみた応神天皇陵（誉田御廟山古墳）をめぐる近年の動向から考えることにしたい。

平成二十三年二月二十日付の『東京新聞』は、「『応神陵』08年調査で証言／前方部に巨大土壇／血縁者も埋葬か」との記事を載せた。これは、考古学者ら八名から成る宮内庁陵墓管理委員会が、平成二十年秋に整備計画検討のために応神天皇陵の墳丘内の調査をした際に、前方部の大きな土壇を確認したことを報じたものである。

陵墓管理委員会というのは宮内庁の組織であり、いってみれば、天皇陵の墳丘の内部に入って観察することが仕事である。その観察の内容が新聞記事になったのである。

同記事は、陵墓管理委員会による観察について、「内容は非公表だが、委員の河上邦彦《かわかみくにひこ》神戸山手大教授（考古学）によると、前方部の先端寄りに土を盛って築いた壇があった。保存状態は極めて良く、未盗掘の可能性もあるという」とする。

もちろん、宮内庁が公《おおやけ》にしている陵墓地形図からも、前方部に「土壇」があることは知られるのであるが、それを考古学者らが実地に観察した内容が広く社会一般に報道されたことの意味は大きい。立派なスクープである。そもそも陵墓管理委員会の活動の内容など、滅多なことでは一般に知られることはないのである。

しかし、考えてもいただきたい。前方部に土壇があったとして、いったいそれは何なのか。同記事には、通常、前方後円墳は主な被葬者は後円部に埋葬されるのであるが、前方部の土壇に埋葬されるのは血縁者ら重要人物である可能性が高いとされることも述べられている。

とすれば、宮内庁は誉田御廟山古墳を「応神天皇陵」としてはいるものの、仮に宮内庁のいう通りに応神天皇がそこに葬られているとして、その「応神天皇陵」には同時にその血縁者ら重要人物も葬られている可能性が高いということになる。

とすれば、いくら宮内庁が「応神天皇陵」（誉田御廟山古墳）を祭祀の対象である「聖域」として管理しているといったところで、いや、「聖域」として管理しているのであればこそ、この前方部の土壇は何なのか、調査もせずに済ますことはできないはずである。そこに誰がどのように葬られているかということは、「聖域」としての古墳の管理にとって、あるいはそこでなされる祭祀にとって、極めて重大事であるはずである。

その後、このことについての宮内庁による調査は行なわれたのであろうか。寡聞《かぶん》にして聞かない。まことに理解しがたいことである。いったい天皇陵とは何なのか。どの古墳が「○○天皇陵」であるとかないとかいうことは、どのように考えればよいのか。謎は深まるばかりである。

二章　蒲生君平《がもうくんぺい》が求めたもの——『山陵志《さんりょうし》』を読み直す

蒲生君平《がもうくんぺい》が『山陵志』を著わしたねらいとは

これまでみてきた通り、天皇陵についてのひとつの考え方として、天皇陵を「聖域」とする考え方がある。前章ではそれを、宮内庁（戦前は宮内省）による陵墓管理の実態としてみてきたのではあるが、宮内省、あるいは宮内庁が突如として、天皇陵を「聖域」とする考え方を創り上げてしまったものでもないであろう。

それでは、天皇陵を「聖域」とする考え方の淵源《えんげん》は、どこに求められるのであろうか。本章ではこの問題を取り上げることにするが、一足飛びに古代の文献史料、『古事記』『日本書紀』、また、『延喜式《えんぎしき》』にまで遡《さかのぼ》ってしまっては、かえって面白くない。ここでみようとするのは、江戸時代屈指の天皇陵研究家・蒲生君平《がもうくんぺい》の著作『山陵志《さんりょうし》』である。

江戸時代の天皇陵研究家といえば、誰を措《お》いても蒲生君平（明和五〔一七六八〕～文化十〔一八一三〕）である。蒲生君平の生涯についてここで改めて述べることはしないが、知名度ばかりでなく、議論の内容の深さにおいて、蒲生君平は江戸時代における他の天皇陵研究家を圧倒的に引き離している。今日においても、日本史の教科書にその名を記される天皇陵研究家は、蒲生君平ただひとりである。

蒲生君平が高く評価されるのには、下野《しもつけ》（栃木県）に生まれて、二度にわたって遠く畿内まで天皇陵の実地調査を行ない、天皇陵の形状の歴史的な変遷についての実証的な議論を展開するとともに、歴代の天皇陵の所在地についても、ひとつひとつ説を立てたことがある。さらに蒲生君平は、いわゆる寛政《かんせい》の三奇人のひとりにも数えられており（他に、高《たか》山彦九郎《やまひこくろう》・林子平《はやししへい》）、尊王思想の土壌を形成した点で注目されることも多い。

その蒲生君平の主著『山陵志』（文化五年〔一八〇八〕四月）から、蒲生君平が天皇陵について、どのように考えていたかをみることにしよう。

『山陵志』をひもとくと、まず、「山陵志」と大きく記された内題が目に飛び込んでくる（図2「蒲生君平著『山陵志』より内題」）。しかし、ここで気を付けなければならないのは、「山陵志」とあるすぐ下に「九志二」とあって、その左には「九志　神祇志《じんぎ》　山陵志　姓《せい》族志《ぞく》　職官志　服章志《ふくしょう》　禮儀志　民志　刑志　兵志」とあることと、そのまた左には「右九志、山陵志は稿先に成るを以て故に之を刊す、職官志亦《ま》た尋《つい》でしかり」とあることである。

つまり、『山陵志』はそれだけで独立した著作ではなく、「九志」として総称される九編の著作群の中の一編と位置付けられており、蒲生君平には、天神地祇（「神祇志」）・天皇陵（「山陵志」）・名族（「姓族志」）・官職（「職官志」）・衣服装束（「服章志」）・作法（「禮儀志」）・庶民（「民志」）・刑法（「刑志」）・軍隊（「兵志」）の各分野を総合しようとする構想があったということである。これは、国というものを歴史の上から改めて問い直そうという構想と言い換えることもできよう。

もちろん、天皇陵を取り上げた『山陵志』が「九志」全体の中でも二番目に位置付けられ、蒲生君平が生前に「九志」の中で書き上げたものが『山陵志』を除いては『職官志』のみであったことは、蒲生君平を天皇陵研究家として名を高からしめるのに充分に特徴的な事柄ではあるが、それでも蒲生君平は、決して天皇陵だけを研究しようとしたわけでもなく、また、天皇陵だけを研究していれば気の済むような研究家でもなかったのである。国というものの中に、天皇陵にしっかりとした位置付けを与えようとして蒲生君平が著したのが『山陵志』であると考えられなければならない。

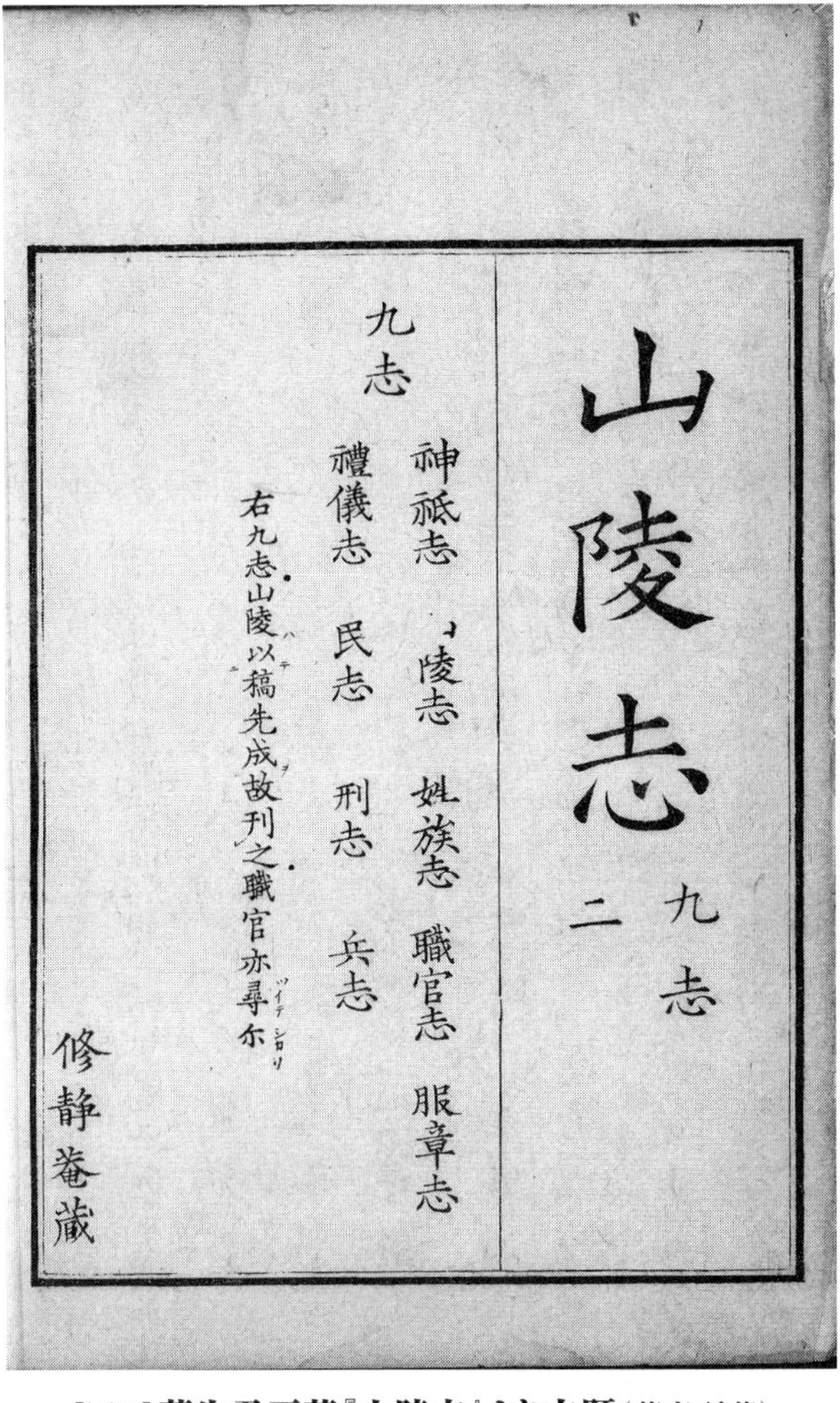

［図 2］**蒲生君平著『山陵志』より内題**（著者所蔵）

臣《しん》が仰ぐところとしての「山陵」

さて、さっそく『山陵志』の本文に取り組むことにしたい。その冒頭には、次のようにある。さすがは蒲生君平である。どの古墳が何天皇陵かなどといった各論に入る前に、きっちりと、そもそも天皇陵とは何かという総論を述べる。

〔読み下し文〕

『山陵志』〔「九志」二の二〕（原文では〔 〕内は二行割り。（ ）内は筆者による。以下同じ）

古《いにしえ》の帝王、其《そ》の祖宗の祀を奉じて、仁孝の誠を致す。郊には以て天に配し廟には以て祖に享《きょう》す。天に配しては則《すなわ》ちこれが霊畤《れいじ》をなし、至尊至厳にして礼して敢えて瀆《けが》さず〔説くに『神祇志』に在り〕。祖に享しては則ちこれが大宮を立て、以て祝宰を置き百世に毀《こぼ》たず。特に其《そ》の盛徳・丕烈《ひれつ》有る者に報ず〔伊勢《いせ》及び賀茂《かも》・八幡廟の如《ごと》きは是《こ》れ也〕。而《しか》して其の余は各山陵に就《つ》いて、時を以て将に常典をおこない事有りて禱告《とうこく》（祈りを捧げること）せり。是《ここ》に於《お》いて諸陵寮の職あり〔治部省これを管す〕。

〔現代語訳〕

『山陵志』〔「九志」二の二〕
「古《いにしえ》の帝王」はその祖宗をお祀りして、仁孝の誠を尽くす。「郊」では「天」を祀り、「廟」では「祖」を祀った。「天」を祀るについては祭場を造り、天子は大いに厳《おごそ》かに礼を尽くして、決して瀆《けが》すようなことはない〔これについては『神祇志』で述べる〕。「祖」を祀るについては「大宮」を立て、神官を置いて永遠に毀すことはない。中でも立派な徳や大きな功があった方に報いる〔伊勢や賀茂、八幡宮はこれである〕。それとは別にそれぞれの「山陵」を築き、時節に違わず祀り、変事があれば祈りを奉げた。これについては諸陵寮の職がある〔治部省の管下である〕。

ここで特に注意すべきは次の諸点である。

・『山陵志』は、君平による「九志」の二番目に位置付けられる。
・「郊」では「天」を、「廟」では「祖」を祀った。「天」の祀りについては『神祇志』で述べる。
・「祖」を祀るのには「大宮」を立てたが、それとは別に「山陵」を築いて「常典」として定期的にお祀りをし、変事の場合は祈りを捧げた。
さらに君平は言う。

〔読み下し文〕

故に曰《いわ》く、「山陵は猶宗廟《なおそうびょう》のごとし」と。苟《いや》しくもこれ有ること無くば、則《すなわ》ち臣子何をか仰がん。

〔現代語訳〕

という訳であるから、「『山陵』は『宗廟』のようなものである」というのである。仮にもこれがなければ、臣は何を仰げばよいのであろうか。

蒲生君平の言わんとすることはここに極まっている。天皇陵は人びとによって敬われるべき所なのである。しかもそれは、国にとって決して欠くべからざる所でもあるとするのである。ここに、天皇陵とは何かという問いに対する、蒲生君平による答えが明らかである。もっともこれは、蒲生君平によるオリジナルではない。自ら註に次のように記す通りである。

〔読み下し文〕

淳和《じゅんな》帝崩ずるに臨んで、遺詔《いしょう》（天皇の遺言）して薄葬《はくそう》（葬儀・造墓を簡略にして人びとに迷惑をかけないようにする考え方）せしめ、山陵を置かざらしむ。中納言藤原吉野《ふじわらのよしの》諫《いさ》めてしか云う。

〔現代語訳〕

淳和天皇が亡くなるに際して、遺言をして薄葬を命じ、山陵を造らせようとしなかった。（これに対して）中納言の藤原吉野が諫《いさ》めてこのように言ったのである。

そしてこれは『続日本後紀《しょくにほんこうき》』承和七年（八四〇）五月六日条に拠ったものである。『続日本後紀』から、藤原吉野の諫言《かんげん》の全文をみよう。

〔読み下し〕

是《ここ》に於《お》いて、中納言藤原吉野奏して言う。「昔、宇治稚彦《うじわかひこ》皇子は、我が朝の賢明なり。此の皇子遺教して、自ら散骨せしめ、後世これに倣《なら》う。然れども是《こ》れ親王の事にして、帝王の迹《あと》に非《あら》ず。我が国は上古自《よ》り山陵を起こさざること未だ聞かざる所なり。山陵は猶宗廟のごときなり。縦《も》し宗廟なくんば、臣子何処《いずこ》を仰がんや」。

〔現代語訳〕

そこで中納言の藤原吉野が奏して言うには次の通りである。「昔、宇治稚彦皇子は、我が国における賢明な方であった。この皇子が遺言をして、自らを散骨させたので、後世の人びとがこれに倣った。しかしこれは親王のことなのであり、帝王のなさるようなことではない。我が国では上古から山陵を起こさないということを未だ聞かない。山陵は宗廟のようなものである。もし宗廟がなければ、臣下の者はなにを仰げばよいのであろうか」。

淳和天皇（延暦五〔七八六〕～承和七〔八四〇〕、在位弘仁十四〔八二三〕～天長十〔八三三〕）の薄葬の遺詔はよく知られているが、蒲生君平が注目したのは、むしろその淳和天皇を諫めた藤原吉野（延暦五〈七八六〉～承和十三〈八四六〉）のことばであった。

蒲生君平は『続日本後紀』から「山陵は猶宗廟のごとし」との言を引いたわけであるが、このことには、蒲生君平が「九志」の一環として『山陵志』を著したことの意味がよくあらわれている。つまり「山陵」は、「臣」が「仰」ぐ所としてこそ国の中にあって確固たる位置を有する価値がある、というのである。蒲生君平が天皇陵を関心の対象としたことの前提には、このような「山陵」についての認識がある。君平は決して、考古趣味や好奇の対象として天皇陵を研究したのではない。

三期にわたる天皇陵の形状の変遷

さて蒲生君平は、その「宗廟のごと」き「山陵」を生涯二度にわたり実地検分した。寛政八年（一七九六）から翌年にかけてと、同十一年（一七九九）から翌年にかけての二回で、君平二十九～三十歳と、三十二～三歳の頃である。そこから導き出されたのは、ひとつには、天皇陵の形状の変遷についての議論であり、もうひとつには、どの古墳が何天皇陵かという、いわば天皇陵の比定についての議論である。

まずは、君平による天皇陵の形状の変遷についての議論についてみることにしよう。

君平は、①初代神武《じんむ》天皇～第八代孝元《こうげん》天皇、②第九代開化《かいか》天皇～第三十代敏達《びだつ》天皇、③第三十一代用明《ようめい》天皇～第四十二代文武《もんむ》天皇の各区分を設定し、それぞれの陵の形状の特徴を述べる。次の通りである。

①初代神武天皇～第八代孝元天皇

〔読み下し文〕

大祖《たいそ》（初代神武天皇）より孝元に至るに、猶丘隴《なおきゆうろう》に就《つ》いて墳を起こす。

〔現代語訳〕

神武天皇から孝元天皇までは、丘陵によって墳をつくる。

②第九代開化天皇～第三十代敏達天皇

〔読み下し文〕

開化より其《そ》の後蓋寝《がいしん》の制あり、垂仁に及び始めて備わる。下って敏達に至る。凡《およ》そ二十有三陵、制は略《ほ》ぼ同じ。凡《およ》そ其《そ》の陵を営むは山に因《よ》り其の形勢に従う。向かう所方無し。大小・高卑・長短定まる無し。其の制為《な》るや必ず宮車《きゆうしや》（天皇の亡骸を載せる車）に象《かたど》り、而《しか》るに前方後円たらしめ壇を為すに三成《かさね》、且《か》つ環すに溝を以てす。

〔現代語訳〕

開化天皇以後に陵の制度ができ、垂仁天皇になってより整備された。その後敏達天皇までのおよそ二十三陵は制度はおおむね同じである。だいたい陵を造るのには丘陵によってその形状に従う。方向は一定ではない。大きいか小さいか高いか低いか長いか短いかについては不定である。その制度は必ず宮車の形に似せ、前方後円とし三つの壇に造った上で、まわりには溝を回《めぐ》らせる。

③第三十一代用明天皇〜第四十二代文武天皇

〔読み下し文〕

用明自《よ》り文武に至る凡《およ》そ十陵、特に是《こ》の制を変ず。但《およ》そ円にこれを造り、玄室《げんしつ》（遺骸を納めるための部屋。石室）を其《そ》の内に穿治《せんじ》して之を築くに壟《しつくい》を以てし、之を覆うに巨石を以てす。石棺は其《そ》の内に在りて南面す。故に其《そ》の戸は南面す。而《しか》るに累石して之が羨道《せんどう》（外から石室に至るトンネル状の通路。はかみち）と為す。其の制は厳密にして、已《すで》に是の如し。是《こ》れを以て復《ま》た之を環らすに溝を以てせざる也。斑鳩太子《いかるがたいし》（聖徳太子）寿《じゅ》蔵《ぞう》（生前に営んだ墓）を河内《かわち》の磯長《しなが》に蔵《おさ》めるは即ち是の制也。当時太子自ら聡明にして才芸有るを負《ほこ》り、作す者の聖《たかき》に居り、旧章に於《おい》て変替する所多し。乃ち山陵の若《ごと》き蓋《けだ》し亦《ま》た然るか。

〔現代語訳〕

用明天皇から文武天皇までのおよそ十陵は、特に天皇陵の制度が変わった。（天皇陵は）およそ円に造り、玄室をその内に穿《うが》って漆喰《しつくい》を塗り、これを巨石で覆った。石棺はその中にあり、南に向けられたのでその戸は南に向いている。そして石を累《かさ》ねて羨道とした。その制度はこのように厳密であった。そしてまわりに溝を造らなかった。聖徳太子が生前すでに（自らの墓を）河内の磯長に営んだのはこの制度に拠《よ》ったのである。当時聖徳太子は自身が聡明でさまざまな方面に能力を発揮するという自覚もあり、そして、それなりの立場にもあったので、かつての制度を変えることが多かった。天皇陵についてもそうであったのであろうか。

君平による天皇陵の形態についての議論は、おおむね以上の通りである。それでは、君平はこのような議論を展開することによって、何を主張しようとしたのであろうか。以下、この点について考えることにしたい。

それは、天皇陵については、それぞれの時代によって相応しい制度があるのだということと、その制度というものも時代が進むに従って改められてきた、ということであろう。このうち、後者についていえば、君平は別に、古い時代の天皇陵についての制度よりも新しい時代の制度の方が良くなったなどとあからさまに述べてはいない。しかし、①初代神武天皇〜第八代孝元天皇の頃については制度についての言及がなく、②第九代開化天皇〜第三十代敏達天皇の頃については「蓋寝《がいしん》の制」が「始めて備わる」とし、③第三十一代用明天皇〜第四十二代文武天皇の頃については「特に是の制を変ず」「其の制厳密」とした上で、聖徳太子がその契機を作ったとして特筆している。

このことからみて、やはり蒲生君平は、天皇陵の制度が時代を追うに従って次第に整備されるに至ったことについて、肯定的に評価していたと考えてよい。

なぜ君平説の多くが、五十四年後に採用されなかったのか

次には、どの天皇陵がどの古墳なのかをめぐる蒲生君平の議論についてである。これは、一般に最も注目されるところである。先にも述べた通り、何といっても蒲生君平は江戸時代随一の天皇陵研究家である。その蒲生君平による精密な考証の成果であれば、読者の皆さんにおかれても、さぞ後世にその成果がよく引き継がれたと思われることであろう。ところが、必ずしもそうとばかりも言えないのである。

ここでは、蒲生君平が、どの天皇陵がどの古墳であるとしたのかを個別にみるよりも、むしろ蒲生君平による考証の成果が、後世どのように否定されたのかということについてみていくことにしたい。

たとえば、次章で取り上げることになる文久《ぶんきゅう》の修陵は、『山陵志』が刊行された文化五年（一八〇八）から五十四年後の文久二年（一八六二）より始まるものであるが、文久の修陵における考証には、実は蒲生君平による考証とは随分多くの相違点がある。五十四年

経って、蒲生君平の仕事が忘れられてしまったのであろうか。それとも、杜撰《ずさん》な考証と見《み》做《な》されてしまったのであろうか。

以下は、文久の修陵において、『山陵志』にみえる考証の成果が否定された例である。その数は決して少ないものではない。

初代　神武天皇陵
第二代　綏靖《すいぜい》天皇陵
第十代　崇神《すじん》天皇陵
第十二代　景行《けいこう》天皇陵
第十四代　仲哀《ちゅうあい》天皇陵
神功《じんぐう》皇后陵　※神功皇后は歴代に含めないことが多いが、便宜上掲げた。
第十八代　反正天皇陵
第二十三代　顕宗《けんぞう》天皇陵
第二十五代　武烈《ぶれつ》天皇陵

第三十二代　崇峻《すしゅん》天皇陵
第四十・四十一代　天武《てんむ》・持統《じとう》天皇陵
第四十二代　文武天皇陵
第四十四代　元正《げんしょう》天皇陵
第四十六・四十八代　孝謙《こうけん》（称徳《しょうとく》）天皇陵（重祚）

これはいったいどういうことであろうか。ここで、これらの例についていちいち検討することはしないが、すでに一章でみた天皇陵決定の方法を振り返っていただければ、どの天皇陵がどの古墳であるかの考証が場合によって異なることについて、よくその理由が承知されるであろう。

つまり、これらの天皇陵について記された文献史料の内容と現実に存する古墳等の実地調査の成果を突き合わせたところで、必ずしも結果はひとつではあり得ないということなのである。蒲生君平著『山陵志』にしても、文久の修陵にしても、文献史料の他にも地形・地名や伝承が、考察のための資料とされたのではあるが、どのような資料を採用するのかということをも含めて、そもそも、ただひとつの結論が導き出されるような性質の問題ではないのである。

であるから、文久の修陵で『山陵志』にみえる蒲生君平による考証の成果が部分的に否定されたといっても、そのことが蒲生君平の考証が忘れられてしまったとか、杜撰《ずさん》とされたとかいうことを意味するものと考えてはならない。

石室の内部にまで関心を寄せた蒲生君平

それよりも大切なことは、蒲生君平がどのように天皇陵を観察したかである。以下、蒲生君平が、どの天皇陵がどの古墳であるのかについて出した結論ではなく、蒲生君平が天皇陵の観察に際して採った方法について考えることにしたい。蒲生君平は、天皇陵を研究しようとするに際して、その外形を丁寧に観察するのと同時に、石室内の石棺までをも関心の対象としていたのである。

まずは天智《てんじ》天皇陵（京都市山科《やましな》区、御廟野《ごびょうの》古墳）についてである。これは外形の丁寧な観察の成果である。次の通りである。

〔読み下し文〕

『廟陵記《びょうりょうき》』に云う、「山科陵（天智天皇陵）は石棺暴《あら》われてその蓋《ふた》外に離棄《りき》す」と。今これを検《み》るに然らず。其の陵状の円なるは此れ用明以来の制也、然らば則ち其の内に応《まさ》に玄室《げんしつ》有るべし。其の制は厳密。苟《いやし》くも陵残毀《ざんき》（壊れること）されずんば、則ち石棺の蓋外に出ずるを得ず。陵に於て尚残毀せられし所無くば、則ち棺独《ひと》り何を以てか暴《あばか》れん哉《や》。

〔現代語訳〕

『廟陵記』には「天智天皇陵では石棺が暴われ、その蓋は外に棄てられている」とある。しかし実際に見てみるとそうではない。天智天皇陵が円くなっているのは用明天皇以降の制度によるものである。そうであればその中に当然石室があるはずである。その制度は厳密なもので、仮にも陵が毀《こわ》されでもしない限りは、石棺の蓋がどうして独《ひと》りで暴《あば》かれるであろうか。

ここで君平は、天智天皇陵の墳丘の乱れの有無を具《つぶさ》に現地で観察することによって、『廟陵記』の誤りを証明しているのである。

また君平は、天武・持統天皇陵について次のように述べる。これは、外形の観察ばかりでなく、石室内の石棺をも関心の対象とした例である。

〔読み下し文〕

この陵を検《み》るに、壇をなすに三成にして南面す。其の中等の上に羨門《せんもん》（石室に至る道）有り。石を累《かさ》ねて之が隧《ずい》（トンネル）となす。隧の深さは三丈ばかりにして室あり。之を築くに垩《しつくい》を以てし之を覆うに巨石を以てす。崇《たか》さ広さ皆丈余。石棺二有り。一は北に在りて南面し、一は東に在りて西面す。因《より》ておもえらく、其の南面するは天武也、西面するは持統也。

〔現代語訳〕

天武・持統天皇陵を検分すると、三つの壇から成っていて南面する。中段の上に石室に達する門がある。石をかさねてトンネルになっていて三丈位の深さで（その奥に）石室がある。石室は漆喰《しっくい》で築かれていて巨石で覆われている。高さも広さもともに一丈余である。石棺は二つで、ひとつは北にあって南面し、ひとつは東にあって西面する。そこで、南面する石棺は天武天皇で、西面する石棺は持統天皇と考えられる。

少なくともこの『山陵志』の記述に拠る限り、君平は天武・持統天皇陵を検分するに際して古墳の外観ばかりではなく、その石室の内部、つまり、天武天皇・持統天皇の遺骸を納めたとされる石棺をも関心の対象に含めたのである。もっとも、蒲生君平が自ら石室の内部にまで立ち入って調査をしたのかどうかはわからない。石室内の様子は、諸種の史料によって知られてはいたのである。

ただしここで君平がいう天武・持統天皇陵は、今日宮内庁が管理する天武・持統天皇陵（奈良県高市郡《たかいちぐん》明日香村、野口王墓古墳《のぐちおうのはか》）ではない。見瀬丸山古墳《みせまるやま》（奈良県橿原市《かしはら》五条野町《ごじょうのちょう》・大軽町《おおかるちょう》、国史跡丸山古墳、畝傍《うねび》陵墓参考地）のことである。

天武天皇と持統天皇は確かに合葬されたのではあるが、天武天皇の遺骸が石棺に納められたのに対し、持統天皇は火葬されて遺骨は骨壺に納められたのである。しかもその骨壺は、嘉禎《かてい》元年（一二三五）に盗掘されてしまったのである（『明月記』）。そうであるならば、天武・持統天皇陵には石棺一基のみが存するはずなのであって、石棺二基が存する見瀬丸山古墳が天武・持統天皇陵であろう訳はない。蒲生君平は実にこの点を見落としていたのである。

それはとても意外なことなのではあるが、ここで指摘したいのは、そのような蒲生君平の犯した誤りではない。蒲生君平が天皇陵を観察しようとするのに際して採った方法である。それが、ただ天皇陵を外から見てそれでよしとするようなものではなく、たとえば天武・持統天皇陵の場合のように、石室の中の石棺をも関心の範囲に含めるようなものであったことである。蒲生君平の天皇陵研究の姿勢をここによく窺《うかが》うことができる。

「聖域」を、科学的研究対象にすることは可能か

ここまで書いてきて、読者の皆さんにぜひ考えていただきたいことがある。それは、先にみた『山陵志』に引かれた「山陵は猶宗廟のごとし」との考え方と、右にみた天智天皇陵や天武・持統天皇陵の観察にみられるような、墳丘を具《つぶさ》に観察し、あるいは石室の中

の石棺の様子までをも関心の範囲に置くというような天皇陵研究の方法との関係についてである。「宗廟」とは間違いなく「聖域」と位置付けられて然るべきであろう。つまり言い換えれば、その「聖域」を「聖域」として尊重することと、研究の対象として位置付けた上での合理的な方法に基づく調査を実行することとは矛盾しないのか、ということである。

本書でこれまでみてきた通り、今日では天皇陵は「聖域」として、宮内庁によって厳然と管理されている。したがって天皇陵は、学術調査の対象とはされていない。このような現状は、天皇陵として管理されている古墳を「聖域」としてみるかどうかという、いわば二律背反的な論争を孕《はら》む可能性を常に内在するものである。しかし本章でみてきたように、蒲生君平による天皇陵についての議論は、決してそのような二律背反的なものではない。

この点については、六章で、戦後期以降の動向に注目しつつ、再び考えることにしたい。もちろん、蒲生君平の生きた江戸時代と今日とでは、天皇陵をめぐる問題は何もかも異なっていて同列に論じることなどできはしない。しかも、蒲生君平は自らの研究のために天皇陵を発掘しようなどと考えたことはなかったであろう。しかし、天皇陵を「宗廟」ないし「聖域」とみるとはどういうことなのか。この問題を取り上げるにあたっても、蒲生君平著『山陵志』には重要な示唆が含まれているのである。

三章　幕末に成った神武《じんむ》天皇陵――「聖域」に群がる人びと

実在しない天皇に陵墓がある不思議

神武《じんむ》天皇は初代の天皇である。その陵であれば、はるか太古の時代に成ったもののはずである。だが私は、本章のタイトルに「幕末に成った神武天皇陵」と書いた。太古の時代のはずの神武天皇陵が「幕末に成った」とは、いったいどういうことなのだろうか。まずは、そのことから始めよう。

もっとも、神武天皇といっても、今日ではご存じない向きもあるかもしれない。しかし考えてもいただきたい。天皇はわが国にあって、古代から現代まで連綿として続いてきた。事実、日本史の教科書には、天皇が極めて頻繁に登場する。雄略《ゆうりやく》天皇・欽明《きんめい》天皇・推古《すいこ》天皇・皇極《こうぎょく》天皇・天智《てんじ》天皇・天武《てんむ》天皇・持統《じとう》天皇……。古代に限ってみても、日本史の教科書にその名を載せる天皇は、まさに枚挙に遑《いとま》がないと言うべきである。

その初代が神武天皇である。初代という以上は尊重されて然るべきである。それが今日積極的に取り上げられる機会が少ないというのは、ご承知の通り、今日では実在した人物とは考えられていないからである。

『日本書紀』は、神武天皇は鸕鷀草不合尊《うがやふきあえずのみこと》の第四子として玉依姫《たまよりひめ》を母に生まれ、日向《ひゅうが》

（宮崎県）から大和（奈良県）に攻め上り、辛酉年正月朔には橿原（奈良県橿原市）で即位したとする。しかもこの辛酉年というのは、仮に西暦に置き換えると紀元前六六〇年に相当する。そして神武天皇が亡くなって葬られたのはその七十六年後で、時に百二十七歳であったという。やはり、このまま史実としてみることはできないであろう。

しかし、繰り返すが初代の天皇である。尊重されずにいてよい訳がない。

さらに、神武天皇陵について、もうひとつの視点を述べておくことにしたい。それは、神武天皇陵と人びととの繋《つな》がりを考える視点である。初代天皇の陵といっても、単にそれだけではあまり意味がない。そこを神武天皇陵と知って集まる人びとがあってこその神武天皇陵というべきであろう。

ここで取り上げるのは奥野陣七《おくのじんしち》という人物である。この奥野陣七は、神武天皇陵の周りにあって、いったい何をしたというのであろうか。これまでほとんど取り上げられることのなかった奥野ではあるが、関連する資料を蒐集《しゆうしゆう》して検討してみると、実に興味深い人物像と、神武天皇陵との強い結びつきの実態が浮かび上がってきた。本章の後半で取り上げることにしたい。

三カ所あった神武天皇陵

さて、まずは神武天皇陵そのものについてである。いま述べた通り、神武天皇は『古事記』『日本書紀』にその名がみえるものの、実在したとは考えられていないのではあるが、『古事記』にも『日本書紀』にも、その陵の所在地について具体的な記述がある。とはいえ、同じ神武天皇陵についての記述であっても、その文言は決して同一なのではない。注意してご覧いただきたい。

『古事記』　「畝《うね》火《び》山《やま》北方白檮尾上」
『日本書紀』「畝傍山東北《うしとら》　陵《のみささぎ》」

このように『古事記』と『日本書紀』とでは、似てはいるものの、微妙に違っているのである。もちろん、『古事記』と『日本書紀』で天皇陵の場所についての記述が異なるのは何も神武天皇陵の場合に限ったことではない。しかし後世、神武天皇陵の場所について考えようとする場合には、当然この『古事記』と『日本書紀』の記述に拠らざるを得ない。しかし、これらの記述に正面から向き合おうとすればするほど、その記述の相違についての悩みが大きくなってしまうのである。『古事記』と『日本書紀』、それぞれの記述が違うのであるから、どのような方法をもってしても、それぞれ異なる答えが出てきてしまうのはむしろ当然のことである。

そのような訳で、神武天皇陵についても、結論はなかなか出しようがない。とはいえ、神武天皇陵の場所について考える場合にも、一章でみたような『古事記』『日本書紀』といった文献史料を拠り所に考える以外に方法がないのであって、初代の天皇の陵だからといって、特別な方法があるとか、史料の解釈が特にわかりやすかったりわかりにくかったりする訳ではない。

しかし、初代の天皇陵なのであるから注目度は違う。それまでの経緯についてここでは省くとして、幕末期には、神武天皇陵とされた場所が三カ所あった。つまり、三つの神武天皇陵があったのである。

この様子は、図3「『聖蹟図志《せいせきずし》』にみる神武天皇陵」に実に端的に表現されている。『聖蹟図志』というのは、平塚瓢斎《ひらつかひょうさい》（津久井清影《つくいきよかげ》ともいう）（寛政六〔一七九四〕～明治八〔一八七五〕）による天皇陵を描いた銅版刷りである。幕末期における天皇陵の様子をよく示すものとして、今日なお極めて高く評価されている。

まずは、図左上の「四条村《しじょう》」とある所にみえる塚である。「今日神武陵、一説に綏靖帝《すいぜい》陵たり」とある。つまりこれは、当時幕府によって公的に認められていた神武天皇陵ということである。幕府による公認の神武天皇陵であるにもかかわらず、これを綏靖天皇陵とする説もある、と堂々と書かれているのはとても面白い。

次には図中央の「山本村《やまもと》神武田《じんむでん》」である。ここには、「旧塚」と「新塚」の二つの「塚」がみえる。説明として「一説に神武堂、廟社の地、訛称《かしょう》して神武田」とある。一見してわかる通り、ここには決して「神武天皇陵」とは書かれていない。「廟社の地」と書かれているのみである。

ここで、二章でみた、天皇陵を「宗廟」として位置付けていた蒲生君平《がもうくんぺい》の考え方を思い起こしていただきたい。そうしてみると、ここで「神武田」、そして「廟社の地」とあることは、ここを神武天皇陵として考えるのに際して、決定的であるという印象すら受けるのに充分である。考えようによっては、これほど神武天皇陵を思わせる所もない。

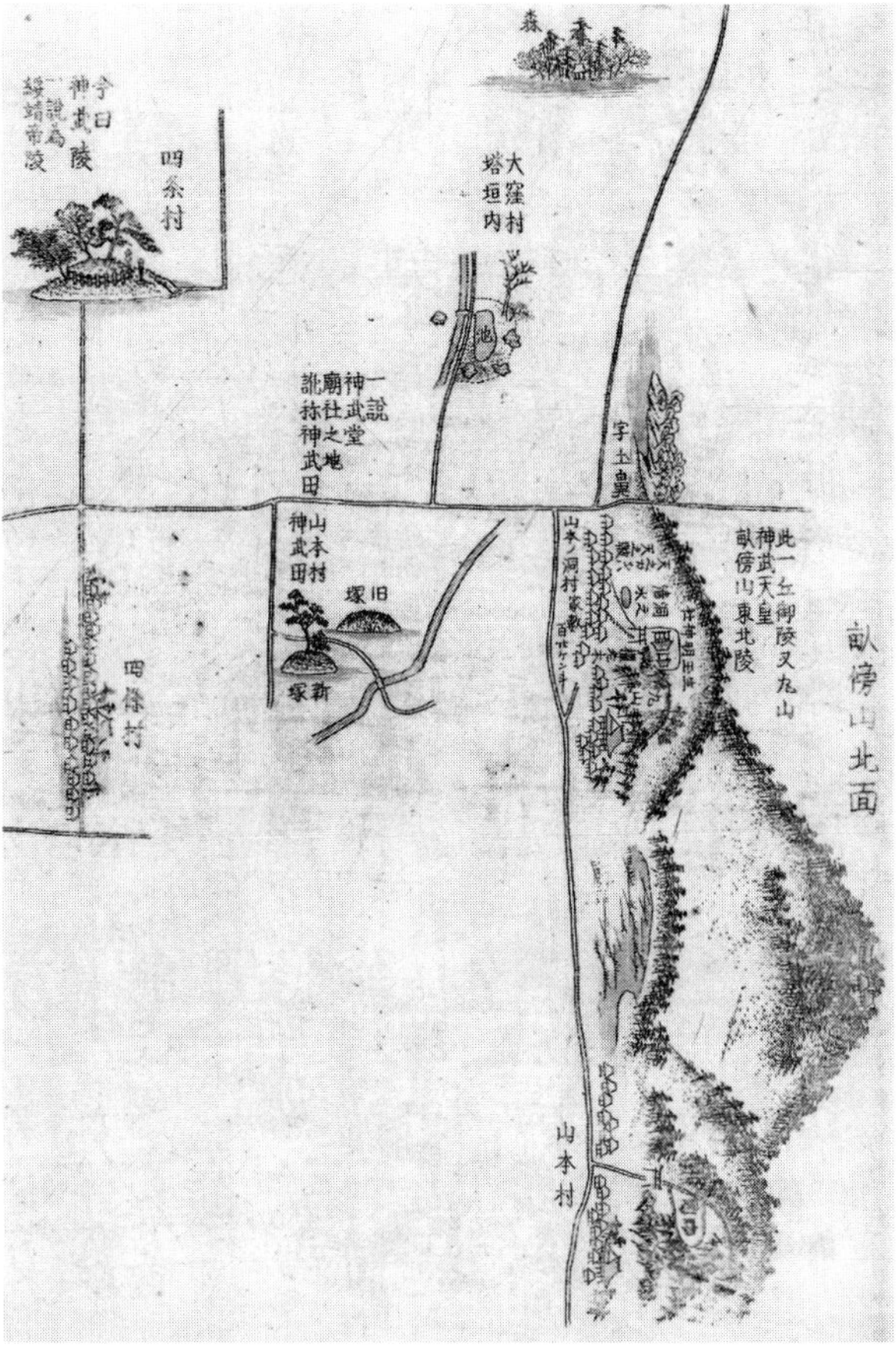

［図 3］**『聖蹟図志』にみる神武天皇陵**（著者所蔵）

三番目は、図右にある畝傍山手前の山である。そこには、「この一丘は御陵又丸山、神武天皇畝傍山東北陵」とある。「畝傍山東北陵」とは、『日本書紀』にある神武天皇陵についての記述そのままの文言である。まさにここここそが神武天皇陵であるという書き振りである。さらに眼を凝らして見ると、そのまた手前にあるやや小さな山に、「丸山」と註記されてあるのをご確認いただけよう。つまりこのやや小さな山が「御陵」または「丸山」であって、ここここそが神武天皇陵だというのである。実は蒲生君平も、『山陵志《さんりょうし》』でこの「丸山」を神武天皇陵としていたのである。

この三カ所の神武天皇陵は、その後どのような路をたどったのであろうか。頃は幕末である。社会における天皇に対する注目度が極めて上昇していた時期である。いつまで経っても神武天皇陵が三カ所もあるという訳にもいかなかったであろうことは、容易に想像される。

誰が、いかにして神武天皇陵を決めたのか

さて幕末期には、天皇陵をめぐる大きな動向があった。文久の修陵といわれるものであ

る。文久二年（一八六二）閏《うるう》八月八日に、宇都宮藩主戸田忠恕《とだただゆき》が「山陵修補《しゅうほ》の建白」を幕府に提出して受け入れられたのである。

「山陵修補の建白」は、表向きは、天皇陵の修補（修理を加えて欠けているものを補うこと）を幕府が実行することによって、朝幕間のなお一層の融和を推進させることを宇都宮藩が幕府に建白したものであるが、その内実は、宇都宮藩自身が朝廷の指示によって天皇陵を修補することによって幕府と朝廷の双方に足掛かりを得て、宇都宮藩の政治的基盤を確実ならしめようとしたことにあると考えられる。

ともあれ以降、宇都宮藩と幕府直轄の奈良奉行は互いに協力し、天皇陵研究家の指導を受けながら、次々と天皇陵を決定し、それをいかにも天皇陵に相応しいように修補していったのである。修補といっても、傷んだ古墳の修復などという次元のものではない。いってみれば、古墳を天皇陵に相応しいように新たに繕《つくろ》いなおしたのである。実のところ、今日みられる天皇陵の姿は、古い時代の姿をそのままにとどめたものではない。おおむね、この文久の修陵によって大幅な改変が加えられた果てのものなのである。

さてそれでは、神武天皇陵は文久の修陵ではどのように決定され、どのように修補されれたのであろうか。蒲生君平の説が退けられたことについては、二章ですでにみた通りであるが、以下、文久の修陵における神武天皇陵決定に至るまでの経緯について、述べていくことにしたい。

文久の修陵では、神武天皇陵は、平塚瓢斎の『聖蹟図志』のいう「山本村神武田」（以下、「神武田」という。また、同地は「ミサンザイ」ともいう）に決定された。『聖蹟図志』にみえる「旧塚」「新塚」ともに含めてである。

「神武田」を主張したのは谷森善臣《たにもりよしおみ》（文化十四〔一八一七〕～明治四十四〔一九一一〕）である。谷森善臣は後年皇学取調御用掛等を務めたり、その蔵書が「谷森本」として『国史大系』の底本に用いられる等して名を残すことになるが、文久の修陵にあっては、もっぱら天皇陵研究家として重用され、その考証をめぐっては中心的な存在であった。谷森善臣による神武天皇陵「神武田」説の内容をここで詳しく述べるゆとりはないが、『日本書紀』の「畝傍山東北陵」との記述と、それに合致した地名や地元の伝承を主な根拠とするものである。

ところが、「丸山」を主張した天皇陵研究家もあった。北浦定政《きたうらさだまさ》（文化十四〔一八一七〕

[地図2] **神武天皇陵**(奈良県橿原市)

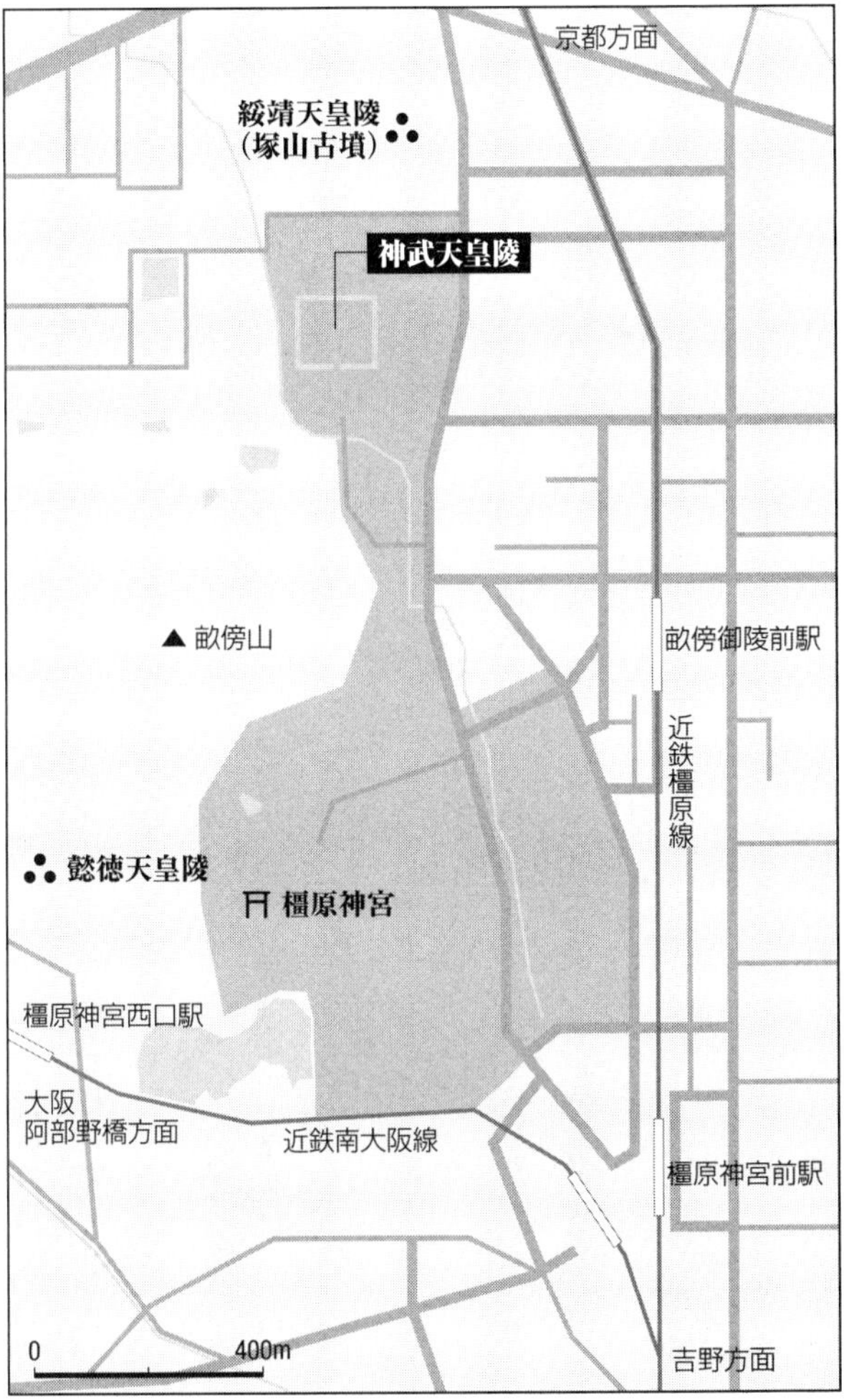

～明治四（一八七一）である。北浦定政は一般には条里制（律令下の土地区画制度）の研究家として知られているが、文久の修陵にあっては谷森善臣とともに天皇陵の考証に当たった。

もっとも、両者の見解は必ずしも一致したわけではない。たとえば、いまみている神武天皇陵についての両者の見解の相違は、右にみた通りである。北浦定政の主張は、『古事記』の「畝火山北方白檮尾上」との記述と、それに合致した地勢を主な根拠とするものであった。

では「四条村」の「今日神武陵、一説に綏靖《すいぜい》帝陵たり」とあるものはどうなのか。これは先にもみたように、当時は幕府公認の神武天皇陵であった。それがどうした訳か、文久の修陵では一顧だにされていないのである。あるいは、幕府公認の神武天皇陵であったことが、かえってマイナス要因にはたらいたのでは、とすら思わせるほどであるが、詳しいことはわからない。この陵は「塚山」とされ、明治十一年（一八七八）二月に第二代綏靖天皇陵として決定され今日に至っている。

そうしてみると、候補としては「神武田」と「丸山」に絞られたことになる。神武天皇陵を決定するということは、これらのいずれか一方が真の神武天皇陵であり、残る一方が偽であるとすることに他ならない。
それにしても、このような重大で、どうすれば解決するのか、その手順も根拠もさっぱり見当がつかないような事案を、いったい誰がどのようにして決めようというのであろうか。

孝明《こうめい》天皇の鶴の一声

結論をいうと、天皇が決めたのである。当時の天皇は孝明《こうめい》天皇（天保二〈一八三一〉～慶応二〈一八六六〉、在位弘化三〈一八四六〉～慶応二〈一八六六〉）である。文久三年（一八六三）二月十五日と同月十七日の孝明天皇による「御沙汰書」には次のようにある。

（文久三年）
二月十五日
神武天皇御陵は格別の儀に付、兆域《ちょういき》（陵墓のある場所）古書の通り御修補有る可く御治《ごち》

定《じょう》仰せ出され候事

同月十七日

神武天皇御陵の儀神武田の方に御治定仰せ出され候事

尤《もっと》も丸山の方も粗末に相成らざる様取り計らい置き申すべく候事

（（　）内は筆者による）

（『戸田越前守殿上書并御沙汰書等之写』宮内庁書陵部所蔵）

ここに神武天皇陵が決定されたのである。「神武田（ミサンザイ）」こそが神武天皇陵というのである。そしてそれは天皇が決めたのであるから、理由は一切記されていない。天皇による決定であれば、理由など要らないのである。

考えてもみれば、天皇陵を天皇が決めたのであるから、これ以上のことはないという考え方もあり得る。しかし、「神武田（ミサンザイ）」が神武天皇陵とされた文久三年（一八六三）というのは、『日本書紀』がいう、神武天皇が即位七十六年（仮に西暦に置き換えれば紀元前五八四年）に崩御したこと、また、その翌年（同じく紀元前五八三年）に「畝傍山東北陵」に葬られたことからすれば、陵に神武天皇の遺骸が納められてから二四四七年も後のことなのである。これほど、『古事記』『日本書紀』が記す天皇陵を、現実に存する古墳に当てはめようとすることの矛盾を端的に示す例も、またないであろう。

また、もうひとつ重要な問題がある。先にも述べた通り、孝明天皇の「御沙汰書」によって真の神武天皇陵が決定されたというのならば、それ以外のものは、何ら神武天皇陵とは関わりのないものになるのが当然である。ところが、それがそうはならなかったのである。

先に引用した孝明天皇による「御沙汰書」の後段を今一度注目してほしい。「尤《もっと》も丸山の方も粗末に相成らざる様取り計らい置き申すべく候事」とあるのをご確認いただけることであろう。「神武田（ミサンザイ）」を神武天皇陵として決定するための「御沙汰書」が、神武天皇陵とは全く無縁となったはずの「丸山」に言及して、粗末にするな、とはいったいどういうことであろうか。これでは、蒲生君平や北浦定政による神武天皇陵「丸山」説も、完全に否定された訳ではなかったということになってしまう。

しかし、つまりはそういうことなのである。天皇が決めたことであるから最終的な決定であるとはいえ、現実には曖昧《あいまい》な部分は残されたのである。孝明天皇がわざわざ「御沙汰書」に「尤《もつと》も丸山の方も粗末に相成らざる様取り計らい置き申すべく候事」と付け加えるに至ったことの理由や経緯については不明という他はないが、このこともやはり、文献史料に依拠して天皇陵を決定することの矛盾を示す例として捉えることができる。

かくて決定された神武天皇陵は、その後修補に修補を重ね、ついには完成を迎えることになる。文久三年十一月のことである。文久の修陵における天皇陵の修補を、荒れ果てた状態（「荒蕪《こうぶ》」）から完成した状態（「成功」）への移行と捉えた絵図（鶴澤探眞《つるさわたんしん》画『文久山陵図』）があるので、そこから神武天皇陵の「成功」図をみることができる（図4）。

文久三年十一月二十八日には、柳原光愛《やなぎわらみつなる》が勅使《ちよくし》として神武天皇陵に遣わされ、陵域の修成が奉告され、ついで御拝があった。ここに、平塚瓢斎の『聖蹟図志』にみえる「旧塚」「新塚」から成る「山本村神武田（ミサンザイ）」は、初代神武天皇の陵として、天皇による祭祀の対象である「聖域」として、ついに完成したのである。

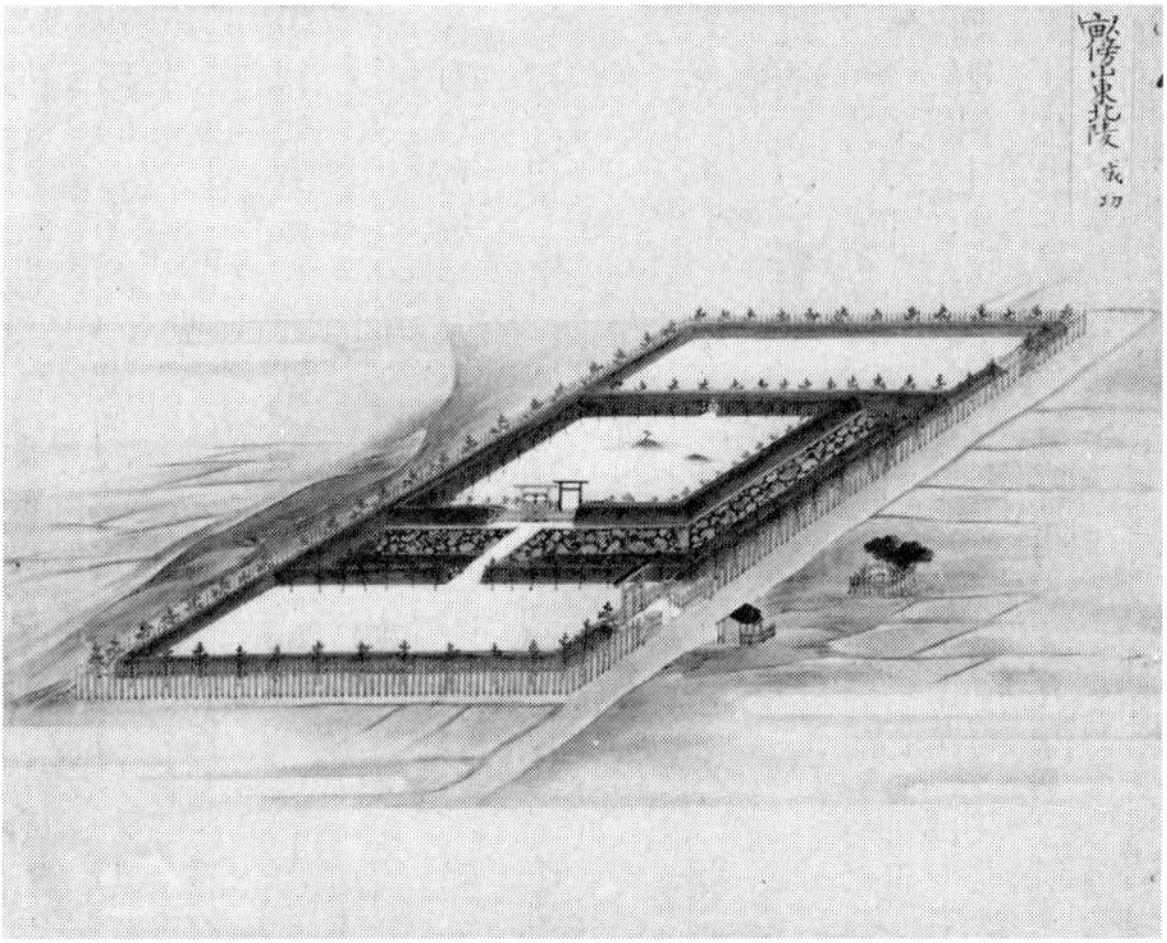

［図 4］**神武天皇陵「成功」図**
（鶴澤探眞画『文久山陵図』〔宮内庁書陵部所蔵〕より）

奥野陣七《おくのじんしち》なる人物の登場

　以上の一連の過程は、いわば天皇陵創出の物語として捉えることができよう。幕末期における政治過程を反映しつつ繰り広げられたこの物語は、今日の視点からすれば、さまざまな矛盾に満ちたものとして映る。しかしながら、神武天皇陵を近代日本における「聖域」としてみるならば、その創出の物語を構成するさまざまな事柄も、たとえ、今日の視点からしての矛盾が多く含まれていようとも、決して、完成された「聖域」としての価値を損なうものとして捉えられるようなことはなかったのであろう。完成された「聖域」は、近代日本形成のための某《なにがし》かの役割は確かに果たしたのである。文字通り、神武天皇陵の完成である。

しかし「聖域」は、ただそれとして存在するだけでは「聖域」としての役割を果たすことはできない。「聖域」を「聖域」として認識してこれを尊崇《そんすう》する人びとがいて、そして、その人びとが何らかの形で組織されることによって、はじめて「聖域」は「聖域」たり得るのである。以下神武天皇陵について考えるに際して、神武天皇陵の周りに在ったある人物に注目して、さらに「聖域」としての神武天皇陵について考えることにしたい。

さて、これから述べるある人物は、この「聖域」神武天皇陵に付随するもののようにみえながらも、見方によってはむしろ「聖域」神武天皇陵の本質を抉《えぐ》る存在とも位置付けられるものである。

その人物は奥野陣七《おくのじんしち》という。その来歴を、明治四十二年（一九〇九）八月に刊行された奥野陣七自らによる『冨貴長寿の枝折《しおり》』からみてみよう。

それによると、奥野陣七は天保十三年（一八四二）八月八日に大和国葛城山《かつらぎ》の麓《ふもと》、葛《かつ》上郡《じょう》楢原《ならばら》村に生まれた。奥野陣七は思うところあって文久年間に京に上り勤王方の下役として盛んに働いた。

文久三年（一八六三）には、天誅《てんちゅう》組の事件（同年八月、孝明天皇の大和行幸を機として、尊王攘夷派が大和五条で蜂起した事件）にも関与し、慶応年間には、いわゆる七卿落ち（文久三年八月十八日の政変により尊王攘夷派公卿七名〔三條実美《さんじょうさねとみ》・三條西季知《さんじょうにしすえとも》・東久世通禧《ひがしくぜみちとみ》・壬《み》生基修《ぶもとなが》・四條隆謌《しじょうたかうた》・錦小路頼徳《にしきのこうじよりのり》・沢宣嘉《さわのぶよし》〕が長州藩に脱走した事件。三條実美ら五名は太宰府に移され王政復古まで滞在した）によって太宰府に閑居していた三條実美への連絡を担当するようになり、慶応三年（一八六七）十二月には、王政復古の大号令に呼応した鷲尾隆聚《わしのおたかつむ》（天保十三〔一八四二〕～明治四十五〔一九一二〕）らが高野山に入ったのに従伴して、高野山で越年した。

明治に入っても同様の活動を続け、明治二年（一八六九）正月の参与横井平四郎《よこいへいしろう》（小楠《しょうなん》）の暗殺事件の下手人と間違われて獄に繋がれ、明治四年（一八七一）の外山光輔《とやまみつすけ》・愛宕通《おたぎみち》旭《てる》両卿の陰謀の事件に関しても囚《とら》われた。また、西南戦争前年の明治九年（一八七六）の冬には鹿児島に遊んだが「妙なる殺気」を感じて帰国した、という。

以上は奥野陣七自身による言なのであって、決して客観的な検証を経たものではないが、それでも、勤皇方の下役としての気概はよくみてとることができる。自ら目指すところがあって、進んで務めを果たしていたのであろうと察せられる。

ところがその後、奥野陣七にとっての大きな転機が訪れる。それは、生命を賭《と》しての活動に対して報われることが全くない、という感慨に端を発するものである。再び『冨貴長寿の枝折《しおり》』からみる。今度は原文をそのまま引用することにしよう。

前述の次第でござりまする故《ゆえ》に、維新前より国民の本分として聊《いささ》か勤皇を尽したく存じましたる志《こころざし》も、却《かえっ》て政府の厄介をかけます事ばかりにして漸《ようや》く命だけを全《まっと》う致しました、然るに失敬ながら、不肖《ふしょう》の同志諸君は何れも勅任官以上に用いられて居る御方が多くござりまして、馬鹿の鏡と云ふは不肖唯一人でござります故に、中途より奉職も好ましからずと存じまして、相成るべくは国民の本分として歴代の御陵墓を始め奉り、全国神社・仏閣・名所・旧蹟等にても取調べまして、間接に皇恩に報い又国家に尽すべしと考へましたる為め、殆ど三十年間前述の御古蹟を調査致しましたる次第でござります、故に学識なく経験なく資産なき老野人でござりますれ共、実地を云ふ事だけは

略《ほ》ぼ承知致します　　（『富貴長寿の枝折』）

この抑《おさ》えられた表現のなかに、奥野陣七の沈んだ絶望の声が読み取られなくてはならない。勤王方の下役として働いていた頃、奥野陣七にも志というものはあったであろう。それが全く報われないというのである。奥野陣七が、この挫折《ざせつ》から歴代の天皇陵等の調査にまで行き着くのには、相当の煩悶《はんもん》があったであろうことは想像に難くない。一見すると、勤王方の下役としての働きと、歴代の天皇陵や神社・仏閣・名所・旧蹟等の調査とは、全く方向性が異なるようにも思われる。しかし考えてもみれば、勤王といっても幕末期のそれは、歴史を過去に遡ることによって得られる正統性を前提としてはじめて成り立つものであるから、奥野陣七の考え方の方向性は決していわれのないものではない。

神武天皇陵の「聖域」化に尽力した奥野

さて、歴代の天皇陵、また、神社・仏閣・名所・旧蹟等に関心を移した奥野陣七は、膨大な量の書籍・刷物を矢継ぎ早《ばや》に刊行する。その全貌《ぜんぼう》はなお明らかになっていないのであるが、今日確認できる主要なものを挙げれば、おおむね（表1）「奥野陣七による書籍・刷物等一覧」の通りである。

ここに、奥野陣七の関心の傾向が明らかである。天皇陵には強い関心を示しているが、その中でも、神武天皇陵あるいは神武天皇については書籍・刷物も多い。それにしても、この書籍・刷物の種類の多さは、単に自らの調査・研究の成果を世に問うといった範疇《はんちゅう》をはるかに越えている。こうも頻繁《ひんぱん》に書籍・刷物を発行しつづけたのには、いったいどのような背景があるのであろうか。

奥野陣七は、この頃には神武天皇陵の周辺に住み、報国社《ほうこくしゃ》と称する結社を興して神武天皇陵への参拝者を集めていたのである。つまり奥野陣七にとっての書籍・刷物は、自らの調査・研究の成果の発表手段であったには違いないが、実際にはそれ以上に、神武天皇陵への参拝者の募集、あるいはその宣伝等のための重要な手段として位置付けられるものであった。このことこそが、奥野陣七が神武天皇陵、あるいは神武天皇に関する書籍・刷物を長年にわたって多くの種類発行しつづけてきた理由なのである。

［表1］奥野陣七による書籍・刷物等一覧

〔書籍〕	
明治19年12月	『皇朝歴代史』（報国社）
明治22年10月	『畝傍橿原教会規約』（畝傍橿原教会本院）
明治28年8月	（明治32年10月再版）『神武天皇御記』（畝傍橿原教会本院）
明治31年4月	『歴代御陵墓参拝道順路御宮址官国幣社便覧』
明治42年8月	（大正2年1月再版）『富貴長寿の枝折』（橿原神宮華表前同神宮講員取扱所）
大正6年10月	『日本国中夫婦連にて遊歴文句東海道五十三次駅名恋路文句合巻附り、気養ひ気が楽なづくし』（奥野報国社）
〔刷物〕	
明治24年4月	（明治27年4月再販）「畝傍山東北御陵并橿原神宮真景」（畝傍橿原教会本院）
明治33年2月	「皇祖天神歴代皇霊遥拝之巻」（畝傍橿原教会本院）
明治34年11月	「畝傍山東北御陵并橿原神宮真景写真銅版」（畝傍橿原教会本院）
年月不詳	「神武天皇御陵図」（何通りかの版がある）
年月不詳	「神武天皇御陵真景」
年月不詳	「神武天皇畝傍山東北御陵橿原神宮真景」（畝傍橿原教会本院）
年月不詳	「今上皇帝神武天皇御陵江御参拝之節奉奏之御祝詞」
年月不詳	「神武天皇御陵御修繕之際陵内埋碑文石摺」（畝傍橿原教会本院）
〔軸〕	
明治24年4月	「神武天皇（勲二等金井之恭）畝傍山東北御陵并ニ橿原神宮真景」

奥野陣七は、自らの調査・研究の成果をそのまま報国社の経営に生かし、それによって生活の資ともしていたのであろう。そうしてみれば、奥野陣七による報国社は、神武天皇陵参拝のための代理店のようなものであったと考えることができる。当時、奥野陣七による報国社に限らず、神武天皇陵の周辺には、このような結社はいくつもあったと思われる。

その後、明治二十三年（一八九〇）四月二日には橿原神宮が創建された。このことは実は、報国社をはじめとする神武天皇陵周辺の結社にとっては、その存立基盤にかかわる重大な画期《エポツク》であったのである。

たとえば奥野陣七による報国社は、これを契機として畝傍橿原教会と改められた。これが単なる名称の変更にとどまるものなのか、それとも基本的な理念や組織の変更等をも含んだものなのかは詳《つまび》らかではないが、橿原神宮の創建が、奥野陣七の活動に大きな影響を与えたことは確かである。

考えてもみれば、文久三年（一八六三）十一月に神武天皇陵が完成され、天皇による祭祀の対象とされたといっても、それが直ちに、神武天皇陵が広く一般の人びとに尊崇の対象として受け入れられたことを意味するものではなかった。

神武天皇陵が広く一般の人びとに知られ、参拝のために集まる人びとが増加するに至ったのには、たとえば、今みたような報国社、あるいは畝傍橿原教会のような結社の主宰者たちの力によるところが大であったのである。これらの多くの結社は、決して政府によって運営されたのではない。奥野陣七のような民間の主宰者によって経営されたものである。

それらの結社が各地からの神武天皇陵への参拝者の周旋に力を尽くしたというのが、この頃の神武天皇陵と一般の人びととの繋がりの、さらに言えば、一般の人びとによる神武天皇陵に向けられた尊崇の実態ということができる。このような結社のことをさし措《お》いて、この頃の神武天皇陵が語られることがあってはならない。

せっかくの機会であるから、右にみた奥野陣七による刷物から一点を選んでみることにしたい。何種類もある中から描写が精緻《せいち》なものを選んだ。「神武天皇御陵真景」である（次ページ、図5「神武天皇御陵真景」）。

ここには、神武天皇陵の内部の様子が実に克明に描かれている。右下隅に「龍吼謹写」

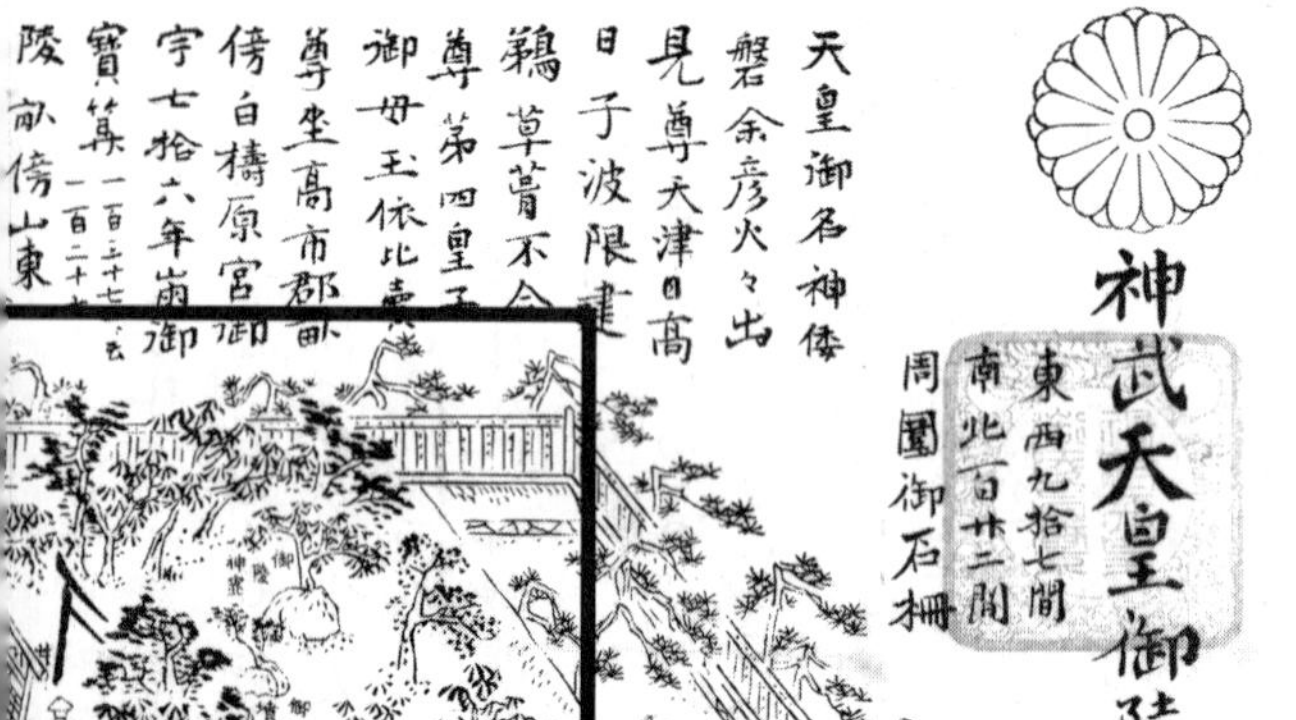

［図 5-1］**「神武天皇御陵真景」**（著者所蔵）
（□で囲んだ範囲の拡大図は 89 ページ、〔図 5-2〕）

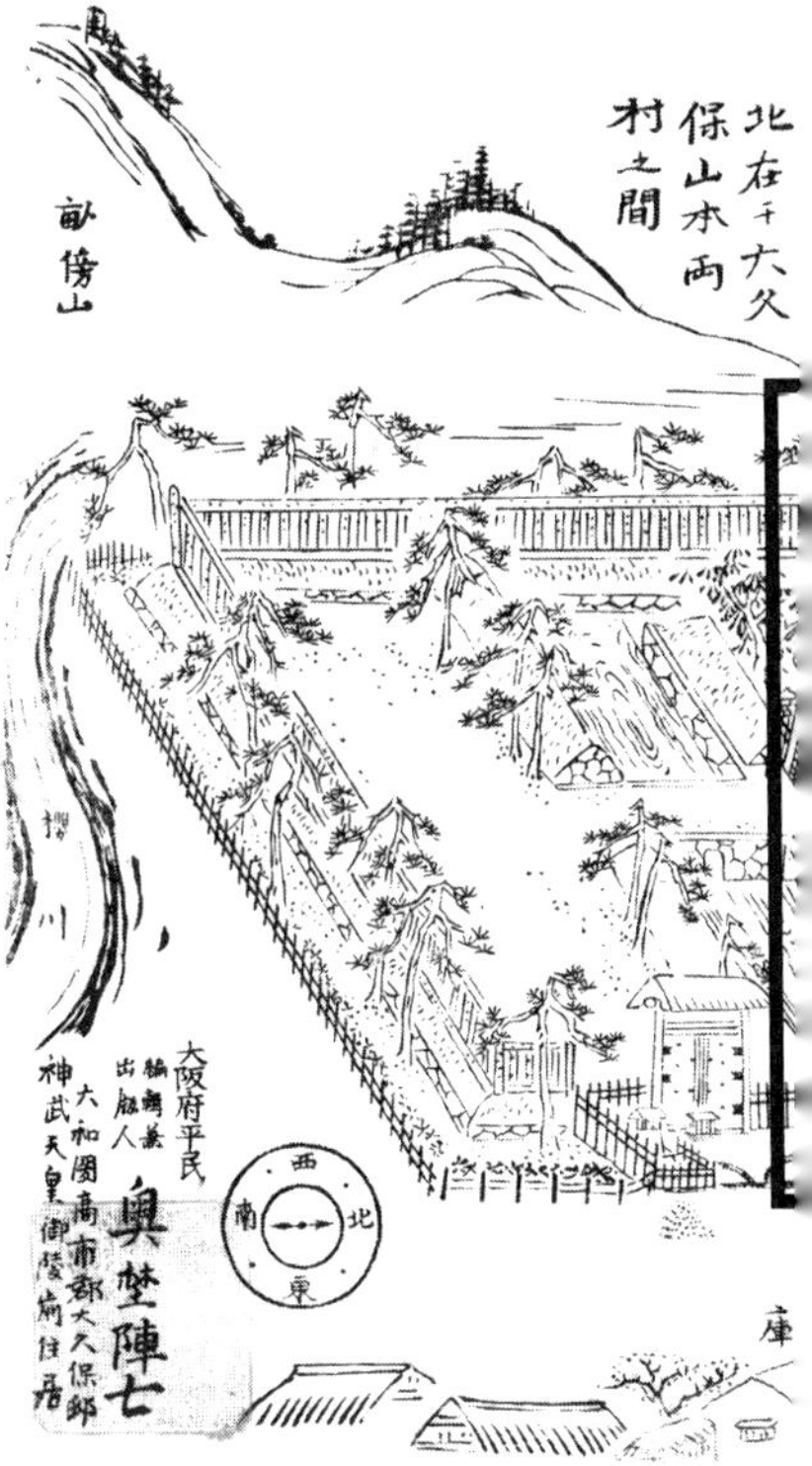
北在于大久保山本両村之間
畝傍山
櫻川
西
北
東
南
大阪府平民
編輯兼出版人
奥埜陣七
大和國高市郡大久保郷
神武天皇御陵前住居

とあるが、龍吼は画工の名であろう。よく見ると、域内には二つの丘があって、やや大きい方には「御陵」「神霊」と、やや小さい方には「御墳」とあるのがわかる。これらが、図3『聖蹟図志』にみる神武天皇陵」(67ページ)でみた「旧塚」「新塚」のどちらに当たるのかは判然としないものの、二つの丘が神武天皇陵として確かに存することでは共通する。天皇陵、なかんずく神武天皇陵が「聖域」中の「聖域」とされたというのなら、その内部の様子など垣間見ることすら全く許されることはないと思うのが普通である。しかるにこの「真景」には、ここまで克明に記されている。域内を実際に見なければ、このような「真景」など、とても描けるものではあるまい。

右に述べた通り、神武天皇陵は、天皇による祭祀の対象として文久三年(一八六三)十一月に完成し、確かに「聖域」中の「聖域」として位置付けられた。しかし、そのもとの姿はといえば、誰しもが眼にすることのできた『聖蹟図志』のいう「旧塚」「新塚」に他ならないのであった。そして明治年間になっても、このような刷物を通じて、参拝に訪れた人びとが間接的にもせよ、その内部の様子を窺《うかが》い知り得る径路は確かに存していたのである。「聖域」神武天皇陵といえども、決して終始一貫して秘され続けてきたばかりで

［図 5-2］「**神武天皇御陵真景**」**の部分拡大図**
（全体図 86 ～ 87 ページ、□で囲んだ部分）

はない。

このような視点からしてみても、明治二十三年（一八九〇）四月二日の橿原神宮の創建は、神武天皇陵やその周辺の結社、そしてそれらを取り巻く人びとにとっての大きな画期であった。

橿原神宮は、神武天皇と皇后媛蹈鞴五十鈴媛《ひめたたらいすずひめ》を祭神として、政府によって創建された。しかも、神武天皇陵と橿原神宮とは隣り合わせである。つまり、神武天皇陵は神武天皇の墓、すなわちその遺骸が葬られたとされる所であり、橿原神宮は神武天皇を拝む所であるとする位置付けが確立したことになる。このことに加えて、その双方がともに政府の管轄であるという体制も、ここに実現したのである。そうしてみれば、神武天皇陵の周辺に存した民間の結社は、この新たな事態に対応すべく、橿原神宮との新しい関係の構築へ向けての模索を否応なく迫られることになる。

そのような事情を背景として、ということなのであろう。この頃、奥野陣七と橿原神宮との間には徐々に軋轢《あつれき》が生じつつあった。奥野陣七には、以前からの神武天皇陵への参拝者の誘致や受け入れに関し、実績と自負が大いにあったことであろう。しかし、橿原神宮は何といっても政府による創建である。両者の間には、参拝人の受け入れの方法をめぐって、あるいは金銭をめぐって、考え方の相違が目立つようになる。

奥野陣七と橿原《かしはら》神宮との軋轢《あつれき》

以下は、奥野陣七と橿原神宮との軋轢の実態である。『橿原神宮史巻一』（昭和五十六年九月、橿原神宮庁）からみることにしたい。まずは奥野陣七の言である。明治三十五年（一九〇二）十一月七日「奥野陣七照会書の件に付内申」から、橿原神宮に対する奥野陣七の「照会」の内容をみよう。

・橿原神宮址の決定には西内成郷《にしうちなりさと》（橿原神宮宮司）の説が採用されたが、確かな裏付けがあったのか。自分（奥野陣七）が西内成郷に与えた書物を用いて政府に建言したのではないか。西内成郷は「世間並の土百姓」であり、宮址決定に相応しい人物ではない。

・西内成郷は宮址の土地を安く買い求めたが、それを実際の売買代価より相当高く売ったのではないか。

・西内成郷は公私混同をして私財を貯えたのではないか。いつも現金を持ち歩き二階建ての自宅も分不相応ではないか。
・西内成郷が、元高取《たかとり》藩主植村家保《うえむらいえやす》氏の葬儀に大礼服で祝詞《のりと》を奏するのは間違いではないか。

この頃奥野陣七は、明らかに橿原神宮を敵としており、狙いを定めて攻撃の手を緩めない。もちろん、これに対する橿原神宮の反論もあるのではあるが、それとは別に、橿原神宮は明治三十六年（一九〇三）一月二十日の「内上申書」で奥野陣七が犯したという不正を指摘する。これをみると、橿原神宮が奥野陣七をどのように考えていたかがよくわかる。次の通りである。

・橿原神宮大祭典会（奥野陣七は専務幹事）の規約には、橿原神宮境内社務所の傍に事務所を設け、寄附募集金は銀行に預け、毎年の御祭典には寄附金から補充するべき旨明記され、寄附金で石灯籠を建てることになっているのに、境内に事務所を設置せず、寄附金は銀行に預けず、石灯籠も明治三十二年に木標を建てただけで未だ建設していない。寄附出金者には橿原神宮で家内安全の祈願祭典をする規約なのに、それも実行せずこれでは詐欺である。

・明治三十五年の祭典に橿原神宮大祭典会は許可の通りに実行せず、寄附募集掲示等では二千八百余円、奥野陣七によれば千五百余円ほど入手とのことで、他からはよほど多額とも聞く。

・境内の事務所は有名無実で会計台帳もない。前宮司からの引き継ぎもなく詳細な名簿もない。それなのに多くの人びとから大金を集めている。出金者からこの始末や家内安全の年々の神宮での祈願祭の様子等を尋ねられても答えに困る。

・第五回勧業博覧会（註）のため橿原神宮の参拝者も多くなることであろう。四月の祭典も近いが、奥野陣七は今なお官幣大社の橿原神宮大祭典会幹事のままであり、幹事名義でさまざまな謀《はかりごと》を計画しているとも聞く。速やかに「除害」の英断を上申する。

（註）第五回内国勧業博覧会のこと。明治三十六年（一九〇三）三月一日から同年七月三十一日まで、大阪市天王寺《てんのうじ》で開催された。来観者数は四百三十五万人で、それまでの博覧会に

較べて極めて大規模であった。

「除害」とまでいうようでは、両者の関係修復は不可能というべきであろう。その後奥野陣七は大阪に居を移すことになるが、これは、神武天皇陵の傍にあってこその活動をしていた奥野陣七にとってはまさにアイデンティティーの喪失に他ならない。幕末期の勤王方の下役としての挫折に続き、二度目の絶望に奥野陣七は沈み込んだに違いない。

奥野陣七は大阪で今度は奥野報国社を興し、薬品の製造・販売を業とした。後には再び奈良に戻るのではあるが、もはやその時には、かつて報国社や畝傍橿原教会を主宰していた頃のような働きの場をもつことはなかったであろう。

神武天皇陵は文久三年（一八六三）二月に決定されて以降、直ちに「聖域」としての名実を備え、多くの人びとの尊崇の対象となったのではない。確かにある時期からは神武天皇陵には参拝者が多く訪れたのではあるが、そこに至るまでには、右にみた奥野陣七のような結社の主宰者や、その周辺の人びとの営みの力が大きかったのである。

「聖域」として決定され修補され、そして完成した神武天皇陵ではあったが、本章でみた通り、そこを「聖域」として認め尊崇する人びとがいなければ、神武天皇陵といえども「聖域」たり得る訳もなかった。

四章　明治天皇陵は「過渡期」の制

——葛藤と批判

明治天皇陵をめぐる二つの視点

近代国家日本の建設に果たした明治天皇（嘉永五〈一八五二〉生）の功績については、皆さんもよくご存じの通りである。聖天子として神格化された存在でもあった。しばしば明治大帝と称される由縁である。が、ここで述べるのは、もちろんその陵についてである。

明治天皇が亡くなったのは、明治四十五年（一九一二）七月三十日午前零時四十三分というのが公式の発表である。しかし、実際に亡くなったのはその前日の二十九日午後十時四十分頃のことであった。天皇が崩御すると何しろ大変である。まずは践祚《せんそ》の儀がある。皇位の象徴である三種の神器を新天皇に引き継がなければならない。そして改元である。新たな元号を定めて発表しなければならない。そしてもちろん、陵についても決めなければならない。公式発表で亡くなった日が遅らされた理由はここにある。

また、死因は糖尿病であるという説がある。篠田達明《しのだたつあき》著『歴代天皇のカルテ』（平成十八年七月、新潮新書）は、書名の通り歴代天皇が罹った病気について述べるものであるが、明治天皇の死因については、長年にわたる飲酒癖が災いして糖尿病を患い、「最期は敗血

［図６］**明治天皇伏見桃山陵**（『巡陵紀程』より）

症におちいり尿毒症による心臓麻痺をおこして死の転帰をたどった」というのが、同書の見立てである。

いずれにしても、明治大帝の御陵は他にかけがえのない「聖域」として営まれたことは、寸分の疑いの余地もない。明治天皇陵は、明治大帝が永久の眠りにつくのに相応しい「聖域」でなければならなかった。

さて、その明治天皇陵については、さまざまな角度から論ずることができるのだが、本章では、二つの視点から明治天皇陵についてみることにしたい。

ひとつは、どこに明治天皇陵が営まれたかについてである。明治天皇陵は現に京都市伏見《ふしみ》区にある。京都に生誕した明治天皇であるから京都に陵を営むべきであるという考え方ももちろんあるだろうが、その生涯の過半を過ごしたのはむしろ東京である。何しろ、明治天皇が東幸するというので、江戸から東京へと改められたのである。その陵は、京都ではなく東京にこそ営まれるべきであるとする論も、もちろん成り立ち、事実、そうした議論があったのである。

もうひとつには、明治天皇陵の構造についてである。実はこの点をめぐって、陵が成って後に厳しい批判があった。明治天皇陵の形状は、図6「明治天皇伏見桃山《ももやま》陵」の通りだが、言うまでもなく、形状と構造とは違う。形状とは、いってみれば誰もが見てとることができる外形のことである。構造というのは、外形に加えて、外からみえない所の形や、立地・埋葬方法等をも包括するもので、単なる外形というのよりも幅広い概念であるといえよう。その明治天皇陵の構造の何が厳しい批判にさらされたというのであろうか。何とも興味深い問題である。

［地図3］**明治天皇伏見桃山陵**（京都市伏見区）

なぜ、東京ではなく京都だったのか

まずは、明治天皇陵はなぜ京都に営まれたのか、という問題について考えることにしよう。これについては、一般には、宮内省編纂による明治天皇の伝記である『明治天皇紀』大正元年（明治四十五年〔一九一二〕）八月六日条の、次の記述が引き合いに出される。その日の記述には、「大喪《たいそう》儀」（明治天皇の葬儀）が九月十三日から十五日にかけて行なわれることとの告知と並んで、明治天皇陵が京都府京都市紀伊《きい》郡堀内《ほりうち》村大字堀内古城山《こじょうざん》に営まれることが記されている。（〔 〕内は筆者による）

抑々《そもそも》陵所（明治天皇陵の場所）を此處（京都市紀伊郡堀内村大字堀内古城山）に選定せしは大行天皇《たいこうてんのう》（明治天皇のこと。崩御から正式に明治天皇と謚号《しごう》されるまではこういう）の遺詔《いしょう》（天皇の遺言）に原《もと》づくものにして、明治三十六年宸慮《しんりょ》（天皇のお考え）已《すで》に決せり、其《そ》の年四月海軍大演習観艦式及び第五回内国勧業博覧会開会式に臨御《りんぎょ》（したしくお出ましになること）したまはんがため、暫《しばら》く蹕《ひつ》を京都御所に駐《とど》めたまふ（天皇の御一行が京都にしばらく留まること）、一夕《いっせき》（ある晩）皇后（一条美子《いちじょうはるこ》。後の昭憲《しょうけん》皇太后）と餞《せん》（はなむけ）

を倶《とも》にし、旧都の今昔を語りたまふの次《ついで》、卒然《そつぜん》として宣《のたま》はく、朕《ちん》が百年の後は必ず陵を桃山に営むべしと、時に典侍千種任子《ちぐさことこ》（明治天皇の皇女二人を出産した）、天皇の陪膳《ばいぜん》に候《そうらい》せしが、此《こ》の綸言《りんげん》（天皇のおことば）を聴きて太《はなは》だ異《あや》しみ、旨《むね》を日乗《にちじょう》（日記のこと）に誌す、大漸《たいぜん》（天皇の御病気が次第に重くなること）の事あるや、皇太后遺詔を遵奉《じゅんぽう》し、陵を桃山に定めん事を命じたまへりと云ふ、桃山は所謂《いわゆる》伏見山にして眺望絶佳の地、豊臣秀吉形勝を利して堅城を築くに迨《およ》び、伏見城の名頓《とみ》に著《あら》はる、徳川氏の治世に至りて、城墟《あと》空しく寒烟茂草に委《い》し、古城山の名僅かに存す、後墾《ひら》きて多く桃樹を栽《う》ゑしを以て、桃山の名起れり、桃山は文字語調共に佳なれども、元世俗の言より出て、陵名には少しく古雅を缺《か》くの嫌《きらい》あり、因《よ》りて此《こ》の地の総名にして、古来歌枕と為《な》れる伏見の二字を冠し、皇陵を伏見桃山陵と名づけ、九月十五日告示せらる。

（『明治天皇紀』）

これによれば、明治天皇陵が京都に営まれたのは明治天皇の生前の意思によるということになる。もっとも、なぜ明治天皇がそう思ったのかというと、皇后との「餞《せん》」に際して

「旧都の今昔を語りたまふの次《ついで》」、つまり若い頃の思い出話などのついでに、「朕《ちん》が百年の後は必ず陵を桃山に営むべし」と言ったというのであるから、その本意はやはり、自分は京都で生まれたのであるから京都に葬ってほしい、ということなのであろうと考えることができる。

着々と進んでいた東京誘致の動き

しかし、事は明治大帝にかかわる。宮城の存した東京の人びとがただ黙っている訳もない。『明治天皇紀』の右に引いた箇所に続く部分には、次のようにある。（（　）内は筆者による）

始め大漸《たいぜん》のことあるや、東京府民、近郊清浄の地を選びて陵域を定めたまはんことを建議哀願する者尠《すくな》からず、伯爵土方久元《ひじかたひさもと》之れを聴き斡旋するところあり、又東京市長以下市民有志、東京商業会議所に会し、神宮建立の事を議す、他日明治神宮造営の挙ある、全く此に胚胎《はいたい》（起因すること）すと云ふ、

（『明治天皇紀』）

やはり「東京府民」は黙っていなかった。明治大帝の御陵は東京近郊にこそあるべしと考える人びとは多かったのである。

この点に注目したのが山口輝臣《やまぐちてるおみ》著『明治神宮の出現』（平成十七年一月、吉川弘文館・歴史文化ライブラリー）である。同書は「天皇陵を東京へ」の項で、早くも崩御当日の七月三十日から、明治天皇の陵を東京に誘致する運動が盛んに展開されたことについて詳しく触れ、「運動の目標は『天皇陵を東京へ！』というものであった。すでに触れたように、この時点では陵墓に関する法令がなかったため、天皇陵がどこかしらに設けられるとしても、その位置は定かでなく、運動する余地は十分にあった。まして『往古《おうこ》以来、山陵は皆其《その》帝都に就《つ》きて築造し』たのなら、なおさらである（『東京朝日新聞』八月九日）。帝都の体面もかかっていた」とする。確かに、大正元年（明治四十五年）には天皇陵を今後どこに営むかについての法令はなかった。

ところが宮内省の官僚は、すでに明治天皇の在世当時から天皇・皇族の陵墓について詳細に規定する「皇室陵墓令」の制定を画策していたのである。「皇室陵墓令」は、当然、天皇陵をどこに営むかについても定めるもので、正式には大正十五年（一九二六）十月に公布されたが、明治期から案文が帝室制度調査局で検討されており、その第十六条第一項は次のようなものであった。

将来の陵地及墓地は東京府下に在る御料地《ごりょうち》（皇室の所有地）内に就《つ》き区域を限り之を勅定《ちょくじょう》す（傍点と（　）内は筆者による）

天皇陵は東京府下に営む、とはっきり規定している。そしてこの「皇室陵墓令」の各条文について詳しく説明する「皇室陵墓令案定本」は、この点について次のように述べる。

其《そ》の陵墓地を東京府下に在る御料地内に限るものとしたるは独《ひと》り管理に最《もっとも》便なるが為のみに非《あら》ず、大喪《たいそう》又は喪儀《そうぎ》を行はるるに最《もっとも》便なるを以てなりつまり、天皇陵を東京から遠く離れた場所で営むことにでもなれば、日常の管理にとって不便なばかりではない。大喪《たいそう》（天皇の葬儀）のためにも不都合である、というのである。この場合に東京から遠く離れた場所として想定されたのは、もちろん京都なのであろう。実に合理的な考え方である。これに対する反論などあり得るのであろうか。

皇后陛下の「命《めい》」

しかしながら、この帝室制度調査局による「皇室陵墓令」案は、明治三十九年（一九〇六）二月には上奏《じょうそう》（天皇に申し上げること）されたものの公布には至らなかった。これはいったいなぜなのであろうか。

この点について先に引いた山口著は、「関係者の回顧によれば、これは明治天皇が慎重に検討をしたためといい、巷間《こうかん》ではもっぱらこう伝えられていた。『陛下には、「朕《ちん》に適用さるる式令だの」と仰せられて、時の宮内大臣は恐懼《きょうく》措《お》くあたはざりしとの事』（『時事新報』大正元年七月三十日）」と事情を説明する。

さらに、山口著に引かれた『時事新報』同日条の先の部分には、「御陵墓と遺詔」として次のようにある。

右陵墓令《みぎりようぼれい》に依《よ》れば御陵墓《ごりようぼ》の位地《いち》は東京府下《とうきようふか》と規定《きてい》し但《ただ》し勅旨《ちよくし》に依《よ》り変更《へんこう》し得《う》るの筈《はず》なるも、故陛下《こへいか》常《つね》に京都《きようと》なる桃山《ももやま》の風光《ふうこう》を好《この》ませられ嘗《かつ》て夫《それ》となく近侍《きんじ》のものに御陵《ごりよう》墓地《ぼち》と御指定《ごしてい》ありしより、時《とき》の土方宮相《ひじかたきゆうしよう》命《めい》を畏《かしこ》みて桃山一帯《ももやまいつたい》を御料地《ごりようち》として御買上《おかいあげ》に相成《あいなり》たるの事情《じじよう》もあり、或《あるい》は桃山《ももやま》に御陵墓《ごりようぼ》選定《せんてい》の運《うん》に至《いた》る可《べ》きか

これに拠《よ》れば、明治天皇在世中に常に「夫《それ》となく」「御指定《ごしてい》」があったのであり、宮内大臣はそれに従って土地買収等を進めていた、というのである。

もっとも、またその先の部分には「併《しか》し御陵墓《ごりようぼ》と帝都《ていと》とは離《はな》れ難《がた》き歴史上《れきしじよう》の古実《こじつ》もあれば新帝《しんてい》御勅旨《ごちよくし》の如何《いか》に依《よ》りては或《あるい》は東京府下《とうきようふか》の浄地《じようち》の決《けつ》するやも知《しれ》ず」とあるのは、明治天皇崩御直後における、陵が営まれるべき場所についての情報の錯綜《さくそう》ぶりをよく示すものといえる。

いずれにしても、宮内省の官僚が企図した天皇陵東京造営構想は頓挫《とんざ》した。『明治天皇紀』の記す通り、皇后（後の昭憲《しようけん》皇太后）の「命」に従って明治天皇陵は京都に営まれたのである。千種任子《ことこ》の「日乗」にどのように記されていたのかも、昭憲皇太后が「遺詔を遵奉《じゆんぽう》」してどのように「陵を桃山に定めん事を命じ」たのかもわからない。しかし、陵を京都と東京のいずれに営むかをめぐって、いわゆる「奥」（天皇・皇后の身の回りの事柄を担当する部局）と宮内省の官僚との間に葛藤があったことは確かである。

驚くべき批判書

さて次は、明治天皇陵の構造に対する批判をめぐってである。

この問題については、ある史料に巡り合って、とんでもなく驚いたことがある。その史料というのは、「陵制に対する愚見を陳して大喪儀の制に及ぶ」というものである。謄写版刷のものと活版印刷のものと二通りあって、いずれも国立国会図書館憲政資料室の、前者は平沼騏一郎《ひらぬまきいちろう》文書に、後者は牧野伸顕《まきののぶあき》文書にある。両者は同文であるが、後者の表紙には「山口帝室制度審議会御用掛提出」とあり、この文書が山口鋭之助《やまぐちえいのすけ》によって帝室制度審議会に資料として提出されたものであることがわかる。

帝室制度審議会では帝室制度調査局の後を承《う》けて、「皇室令」の審議がなされた。もちろん明治期に公布に失敗した「皇室陵墓令」案についても、再度の審議がなされた。山口鋭之助は宮内省の中でも陵墓に関する事柄を所管する諸陵寮の頭《かみ》、すなわちその長を務めたことがある。まさに、官僚機構中枢部における天皇陵についての意思決定のための会議資料として、「陵制に対する愚見を陳して大喪儀の制に及ぶ」は作成されたのである。

さて「陵制に対する愚見を陳して大喪儀の制に及ぶ」は、「一　伏見桃山陵の形式は永世不易の範とし難し」「二　今後採用すべき陵制と大喪儀」、そして、「（参照）伏見桃山陵陵制説明書」（大正元年十月二十五日）から成る（先に触れた牧野伸顕文書のものには、これに加えて「斂葬《れんそう》の本義及沿革『陵制に対する愚見を陳して大喪儀の制に及ぶ』追加」がある）。このうち「伏見桃山陵陵制説明書」は、内容からして山口鋭之助が著したものとは思われない。

その「一　伏見桃山陵の形式は永世不易の範とし難し」には、次のようにある。まさにこれは、構造に注目した明治天皇陵批判である。

築陵の制度は、古来屡《しばしば》変遷ありて種々の形式ありと雖《いえども》、皆以て直に取りて、将来の陵制と定むるに適当なるものあるを見ず。上古行はれし前方後円型の大墳を起すが如《ごと》き、又中古の制度たりし仏式に依りて堂塔を建立するが如きことは、永制と為《な》すべからざることは論なかるべしと雖《いえども》、最近御採用あらせられし伏見桃山陵の形式は如何と云ふに、是亦《また》大に熟考を要すべきものあり。

抑《そもそも》伏見桃山陵の構造たるや、深く考究を積みたるにあらず。中古以来、皇室の御葬儀も皆仏式に依りて、御遺骸を火葬し奉り、御骨は平地以下の低所に斂瘞《れんえい》（埋葬すること）して、其《そ》の上に堂宇若《もしく》は塔婆《とうば》を建立したり。後光明院《ごこうみょういん》天皇御斂葬の際、火葬を廃せられしも、御陵は猶縦壙《なおたてあな》（たて穴）として深く地下に斂瘞《れんえい》し奉りしなり。然るに是の法は、我上古帝陵構築の制に反したるものなり。我古制は、現存の古墳に徴し、其の構造を知り得る限に於《おい》て、一として御棺を平地以下に瘞埋《えいまい》せるものあるなし。悉《ことごと》く皆拝者の位置よりも一段高所に瘞埋《えいまい》せり。先々帝孝明天皇崩御あらせらるるや、事倉卒《そうそつ》（突然であること）に出て、上下挙を失せる際に於て、山陵制度に通ぜる戸田忠至《とだただゆき》建議して、古制を復し、山陵を起させ給ふ事となりしは、千歳の盛事たりと雖《いえども》、其の構築法に至りては、当時の事情猶《なお》十分の攻究を積む能はず。泉山に縦壙《たてあな》として、従前の式の如く斂棺《れんかん》し、而《しか》して後其の周囲を削成して、其の結果をして古制に戻らざらしめたるに過ぎざるなり。明治の聖代は、四十五年の長きに亙《わた》り、文物制度総て更新整備したれども、惟《ひと》り陵制の一事は、何等研究の歩を進むる事なくして、忽ち先帝の崩御に会す。是《ここ》に於て範を千歳に垂るる如き研究を為すに遑《いとま》なく、単に父帝（孝明天皇のこと）の御陵構築の先《せん》蹤《しょう》に倣《なら》ひ、縦壙《たてあな》として斂瘞《れんえい》の後削成して陵形を成さしめたり。故に後月輪東山陵《のちのつきのわのひがしのみささぎ》（孝明天皇陵）及伏見桃山陵は陵制を復古せしむる過渡期に際し、倉卒御採用ありし機《き》宜《ぎ》（時機に応じたこと）の山作法《さんさくほう》（墓所を作るための方法）にして、当時決して不易の定制としたるにもあらず、又今後準拠とすべきものにもあらざるなり。（（　）内は筆者による）

つまり、そもそもわが国の陵の制度はしばしば変遷していて、そこから将来の制度を見出そうとすることはできない。また、明治に入ってさまざまな文物については新しくなったけれども、こと陵の制度については全く研究がなされていない。孝明天皇陵も明治天皇陵も、陵の制度を復古させるに際しての過渡期に採用されたものに過ぎず、決して不変のものでも今後の拠り所となるものでもない、というのである。

中でも、「文物制度総て更新整備したれども、惟《ひと》り陵制の一事は何等研究の歩を進むる事なく」との一文は、いかにも手厳しい。

これは、帝室制度審議会の資料として作製された公文書である。そのような公文書に、他に類例のない「聖域」として完成し、誰ひとりとして知らぬ者のない明治大帝の御陵について、その構造の欠陥が堂々と指摘され、根本からの批判が展開されているのである。先に、この史料に巡り合ってとんでもなく驚いた、と述べたが、その理由はこういうことであったのである。

官僚機構の中枢で、このようなことを主張しても問題は生じなかったのであろうか。このような物言いに接すると、歴史学的な視点から、つい、明治四十一年（一九〇八）十月施行の「刑法」に、第七十四条「天皇、太皇太后、皇太后、皇后、皇太子又は皇太孫に対し不敬の行為ありたる者は三月以上五年以下の懲役に処す、神宮又は皇陵（引用註：天皇陵のこと）に対し不敬の行為ありたる者亦《また》同じ」（傍点引用者）と、いわゆる「不敬罪」が定められていることなどを思い出してしまうのであるが、この山口鋭之助の議論は、あくまでも、いずれ公布されることになるであろう「皇室陵墓令」に盛り込まれ、その後営まれる天皇陵のあり方を規定する天皇陵についての制度をよりよいものとするための議論として位置付けられるべきものなのである。これは、「皇陵」についての「不敬」とは違う。それどころか、山口鋭之助が目指したものはより完璧な「聖域」の完成である。今のままではいけない、「聖域」とはこのようなものではないのだ、という認識が山口鋭之助にはある。

明治天皇陵の構造をめぐる四つの問題点

さて山口鋭之助の議論に戻ろう。山口鋭之助は、明治天皇陵の構造に対する批判の理由として次の四点を挙げる。ふたたび史料を引くことにしよう。

第一　伏見桃山陵は、桃山の如き形勢の土地、即《すなわち》南方に平地を控へたる低き丘陵に就《つい》て、始て構築し得る形式なり。斯《かか》る特殊の地形は、決して多く得易《えやす》きものにあらざるなり。現に桃山の地に於《お》いても、今後猶《なお》同型の山陵を造営せむと欲せば、非常なる大工事を施《ほどこ》して、僅《わずか》に一二陵を得べきに過ぎざるを以ても知らるべきなり。

第二　伏見桃山陵の築造は、初に予備工事を為《な》して後御棺を斂瘞《れんえい》し奉り、更に御所在（天皇の御遺骸の眠るところ）の上に登攀《とうはん》して、作業に従事せざるを得ざりしは、最《もっとも》恐懼《きょうく》に堪へざる次第なれども是《こ》れ縦壙に伴ふ必然の欠点なり。唯此の一事を以ても、良制に非《あら》ずとして排除するに充分なり。

第三　御棺の位置は、平地より以上の高処に奉安すべきは、動《うごか》すべからざる古制なり。若《も》し此の制を破らば、後月輪東山陵（孝明天皇陵）、伏見桃山陵に於て、苦心して復古せられたる本旨を滅却するものなり。而《しか》して桃山の如《ごと》き南面の丘陵地亦《また》多く得易《えやす》からず、止《や》むを得ず平地に於て斯《かか》る形式の山陵を営まむと欲せば、大なる盛土を為《な》し、上に縦壙を穿《うが》ち、重量大なる御棺を斂《おさ》めて後、更に多量の盛土を為さざるべからず。斯《かく》の如きは最《もっとも》不自然なる工事なれば、工学上力《つと》めて忌避《きひ》する所なり、此《こ》の点より見るも、此《こ》の築陵法は決して宜《よろし》きを得たる形式に非《あら》ざるなり。

第四　将来若《も》し陵地を平地に設け、兆域《ちよういき》（陵の範囲）を限定せらるる如《ごと》きことありて、小墳を築くとせば、其《そ》の内に伏見桃山陵に於《お》ける如き陵壙を設くることは、全く不可能の事に属すと云ふべきなり。（（　）内は筆者による）

つまり、左の通りである。

（1）桃山のように南方に平地を控えた土地は他に求め難い。

（2）「縦壙」（たて穴）の形式では、ご遺骸を納めた後で作業のためにその上に登らなければならず恐れ多い。

（3）平地よりも高い場所にご遺骸を納めなければならないのであるから、陵を平地に営もうとする場合には、必然的に大規模な盛土をしてそこにたて穴を掘って御棺を納め、さらにその上に盛土をしなければならないが、これは極めて不自然な工事である。

（4）将来は陵を小墳とするとしても、そうなればこそ明治天皇の場合のようなご遺骸を納める所は、全く造ることはできない。

実にもっともな指摘である。これに続けて、山口鋭之助は次のように締めくくる。

要するに、伏見桃山陵の形式は、之《これ》を歴史上より観《み》るも、其《そ》の山作の方法過渡期の彌縫《びほう》（欠点を一時的に取り繕うこと）的処置たるに過ぎずして、万世の定制と為《な》さむには余りに不完全なり。又之《これ》を工事上より察するも、如何なる地に於ても造営し得べきものにあらず。且《かつ》陵上に於て作業せざるを得ざるが如きは、最《もっとも》不敬の大なるものなり。されば何《いず》れの点より見るも欠点多くして不易の定制と為《な》すには、不適当なる形式なりと断言して、不可なかるべしと信ず。（（　）内は筆者による）

明治天皇陵を、「過渡期の彌縫《びほう》的処置」という。「何れの点より見るも欠点多くして不易の定制と為《な》すには不適当なる形式」と「断言」する。そのことの意味は、もう読者の皆さんにはよくおわかりのことであろう。

本章では明治天皇陵をめぐって、その営まれた場所と構造を考える視点から取り上げた。それらの動向は、今日からするといかにも意外であり、思いもつかない葛藤や議論があった。それらはすべて、目指したところは「聖域」の完成ということである。明治大帝の御陵が紛れもない「聖域」でなければならないことは何人たりとも異論を差し挟むことはできない。自明の前提である。

しかし、その「聖域」はいったいどこにあるべきか、また、どのような構造でなくてはならないか。このような点については、実にさまざまな議論があり得たのであり、実際あったのである。「聖域」明治天皇陵といえども、否、明治天皇陵であればこそ、その評価は決してただ一通りであったのではない。

五章　天皇陵を探せ

——安徳《あんとく》天皇陵と長慶《ちょうけい》天皇陵

二つの天皇陵をめぐる大きな問題

すでに本書では、一章で、どの天皇陵がどの古墳であるかをどのようにして決定するのかについて、また三章では、学問的にはその存在を立証することができない神武《じんむ》天皇の陵の決定に至るまでの経緯を取り上げた。その上でなお、本章でもまた「天皇陵を探せ」とは、いったいどういうことなのであろうか。

それは、本章で取り上げようとする天皇陵をみればすぐにわかる。まずは安徳《あんとく》天皇陵である。安徳天皇（治承二〔一一七八〕～文治元〔一一八五〕、在位治承四〔一一八〇〕～文治元〔一一八五〕）は、ご承知の通り、源平の合戦の最後、幼くして壇《だん》ノ浦《うら》の戦で哀れ海中に没して亡くなった天皇である。時に元暦二年（文治元）三月二十四日。安徳天皇はわずか八歳であった。海中に没したというなら、少なくとも遺骸の眠るところを陵とするという意味では、安徳天皇陵など本来あり得べくもない。それを探すとは、いったいどういうことなのか。

次いでは長慶《ちょうけい》天皇陵である。あまり馴染みがないかもしれないが、長慶天皇（興国四〔一三四三〕～応永元〔一三九四〕、在位正平二十三〔一三六八〕～弘和三〔一三八三〕）は南北朝時代のいわゆる南朝の天皇である。第九十七代後村上《ごむらかみ》天皇の第一皇子で、南朝としては第三代である。

ただし大問題がある。すなわち、この長慶天皇が、はたして即位したのかどうかについては、両説があったのである。仮に即位がないとすれば天皇ではないのであるから、当然その遺骸の眠る所を陵ということはできない。とすれば、まずは天皇であったかどうかから検討し、その後に、長慶天皇陵がどこにあるか探さなければならないのである。

つまり、本章で取り上げる安徳天皇陵と長慶天皇陵を探すについては、一章や三章でみた天皇陵決定のための方法を適用することが、全くできないのである。根本から考え直さなければ、安徳天皇陵と長慶天皇陵はみつかりようもない。

とはいうものの、安徳天皇と長慶天皇とを並べてみたところで、それぞれ時代も異なれば陵をめぐる事情も異なる。何も同じ章の中で、安徳天皇陵と長慶天皇陵とを一括《くく》りにすることもないのではないかと思われる向きもあるかもしれない。実にもっともな考え方である。ところが、安徳天皇陵と長慶天皇陵をともに並べて取り上げて論じている著作が、すでにあるのである。

候補地が全国で「二百箇所」もある不思議

堀一郎《ほりいちろう》著『我が国民間信仰史の研究（一）（二）』（〔一〕は昭和三十年九月、〔二〕は昭和二十八年十一月。ともに東京創元社）である。宗教民俗学者である堀一郎氏（明治四十三〔一九一〇〕～昭和四十九〔一九七四〕）は、同著によって、昭和三十一年（一九五六）三月に日本学士院賞を受けた。同著では、安徳天皇陵と長慶天皇陵は並べて論じられている。それはどのような視点によるものか。以下にみることにしたい。

『我が国民間信仰史の研究』第二部「伝承説話編古代伝承及び信仰に現はれたる遊幸形態」第五篇「天津神《あまつかみ》の遊幸《ゆうこう》と古代日本人の信仰生活」の第四節「天津神と地方伝説」には、次のようにある。

歴史的人物の埋葬墳墓を説くに至って伝説は飛躍する。久しく行方不知とせられた安徳天皇と長慶天皇の陵墓伝説地が、北は青森県から西は奄美《あまみ》大島、壱岐《いき》島に及んで広く全国数十箇所、二百箇所の多きを算《かぞ》へ、中にはわざわざ人を派して正統の陵墓たることを請願主張せる如きは何よりもその代表例である。上総《かずさ》に久しく弘文《こうぶん》天皇の潜幸崩御を伝へ、磐城《いわき》と豊後《ぶんご》には同系伝説に伴ふ用明天皇登極以前の遊幸を説くこと既に古き地誌に見え、山城《やましろ》・丹後《たんご》の地には何故か麿子皇子《まろこのみこ》や金麿《かなまろ》親王、甲斐《かい》に聖徳太子、会津に以仁王《もちひとおう》を説く如き、正史と何等脈絡なき伝説の現存してゐることも、その形態に於て古風土記の信仰心理と全く別個のものとは考へられない。倭 建 命《やまとたけるのみこと》がいつしか倭武天皇ともなり、神の子をオホゴ、ミコと称した人々の間には、太子も皇子も親王もオホゴであり、ミコであり、神の「よりまし」も亦《ま》たその名称を一にした。関東東北地方の神社仏閣の縁起に、挙《こぞ》って日本 武 尊《やまとたけるのみこと》の駐輦《ちゅうれん》と祈誓を記し、降っては坂 上田村麻呂《さかのうえのたむらまろ》や 源 頼《みなもとのより》義《よし》・義家《よしいえ》の伝説が誇らかに語られてゐることも、その土着の原因に或《あるい》は東北文芸の流行や、社寺信仰北上の歴史、信仰と伝説の座頭《ざとう》・巫女《みこ》・遊歴文人による流布等が考へられるにしても、この現象は最《も》早《は》や文献史学の領域からは遠く逸脱してゐる。

ここに述べられている事柄のうち、本章の視点から特に重要な点は、おおむね次のようにまとめることができる。

・安徳天皇と長慶天皇の陵墓伝説地は、北は青森県から西は奄美大島まで分布し、安徳天皇については数十カ所、長慶天皇陵については二百カ所にのぼる。

・このような歴史的人物の埋葬・墳墓についての伝説は（歴史的事実からは）飛躍したものである。

・中には、地元から中央に人を派遣してまでして、伝説が正しいことを請願・主張する例すらある。

・他には、上総の弘文天皇の潜幸・崩御、磐城・豊後の用明天皇の即位以前の遊幸、山城丹後の麿子皇子・金磨親王、甲斐の聖徳太子、会津の以仁王についての伝説がある。

・これらは、もはや文献史学の領域からは遠く逸脱したものである。

これによると、安徳天皇陵や長慶天皇陵とされる場所は全国各地に散在しており、しかもそれらは文献史料から明らかにされる事柄とは無関係に存している、というのである。同書はその具体的な内容についても述べ、安徳天皇陵とされる場所について十五カ所を、長慶天皇陵とされる場所について二十七カ所を列挙する。

こうしてみると、安徳天皇陵も長慶天皇陵も「探す」というよりは、むしろ「選ぶ」と言った方がより実態に即しているとすら言えよう。ただし仮にも天皇陵である。それに相応しい根拠も説得力も必要である。これら多くの天皇陵とされる場所から「探す」あるいは「選ぶ」のであるから、それなりに必要な条件はある。

ところが、「文献史学の領域からは遠く逸脱してゐる」のであれば、文献史料を根拠とすることも、文献史料によって説得力をもたせることもできない。このような、決定するにはあまりに困難な条件を備えた天皇陵を、「探す」（あるいは「選ぶ」）ためには、いったいどのような方法が採られ、どのような手順が踏まれたのであろうか。

以下、安徳天皇陵・長慶天皇陵のそれぞれについて、具体的な経緯をみてゆくことにしたい。

安徳天皇は亡くなっていなかったとする説

まず安徳天皇陵についてである。安徳天皇については、先に、壇ノ浦の戦で海中に没して亡くなったと述べた。それは、『吾妻鏡《あずまかがみ》』元暦二年（文治元）三月二十四日条に、「午の刻に及んで平氏終《つい》に負傾、二品禅尼《にほんのぜんに》宝剣を持ち、按察局《あぜちのつぼね》先帝〔春秋八才〕を抱き奉り共に以て海底に没す、（略）但し先帝は終に浮かばしめたまわず」とあるのが根拠である。

『吾妻鏡』が鎌倉幕府による記録であってみれば、その記述の信憑《しんぴょう》性は高いと言いうるであろう。

そして、『平家物語』の「先帝身投《せんていみなげ》」には次のようにある。

主上今年《ことし》は八歳にならせ給へども、御《おん》としの程よりはるかにねびさせ給ひて、御《おん》かたちうつくしくあたりもてりかかやくばかりなり。御《おん》ぐし黒うゆら〳〵として、御《おん》せなか過ぎさせ給へり。あきれたる御様《おんさま》にて、「尼《あま》ぜ、われをばいづちへ具《ぐ》してゆかむとするぞ」と仰せければ、いとけなき君にむかひ奉《たてまつ》り、涙をおさへて申されけるは、「君はいまだしろしめされさぶらはずや。先世《ぜんぜ》の十善戒行《じゅうぜんかいぎょう》の御力《おんちから》によッて、いま万乗《ばんじょう》の主《あるじ》と生《むま》れさせ給へども、悪縁にひかれて、御運すでにつきさせ給ひぬ。まづ東《ひんがし》にむかはせ給ひて、伊勢大神宮に御暇《おんいとま》申させ給ひ、其後《それのち》西方浄土《さいほうじょうど》の来迎《らいごう》にあづからむとおぼしめし、西にむかはせ給ひて御念仏《おんねんぶつ》さぶらふべし。この国は粟散辺地《そくさんへんぢ》とて心憂《こころう》きさかひにてさぶらへば、極楽浄土《ごくらくじょうど》とてめでたき処《ところ》へ具《ぐ》し参らせさぶらふぞ」と泣く〳〵申させ給ひければ、山鳩色《やまはといろ》の御衣《ぎょい》にびんづら結《ゆ》はせ給ひて御涙《おんなみだ》におぼれ、ちいさくうつくしき御手《おんて》をあはせ、まづ東をふしをがみ、伊勢大神宮に御暇申させ給ひ、其後西にむかはせ給ひて、御念仏《おんねんぶつ》ありしかば、二位殿《にいどの》やがていだき奉り、「浪《なみ》の下《した》にも都のさぶらふぞ」となぐさめ奉《たてま》ッて、千尋《ちひろ》の底へぞ入り給ふ。

(『日本古典文学全集　平家物語』)

これを読んで涙せぬ人はいないであろう。安徳天皇は海に没して崩じたのである。ところがこれに対して、行方不明にはなったが、亡くなったかどうかはわからないとする史料もまた存するのである。

九条兼実《くじょうかねざね》(久安五〔一一四九〕~承元元〔一二〇七〕)の日記である『玉葉《ぎょくよう》』の元暦二年四月四日条に、三月二十四日の壇ノ浦の戦《いくさ》について述べる中で「但し旧主の御事分明ならずと云々」とあり、また、醍醐寺《だいごじ》(京都市伏見《ふしみ》区)に関する雑録集である『醍醐雑事記《だいごぞうじき》』の元暦二年条にやはり同日の戦に触れて「行方知れざる人、先帝(引用註:安徳天皇)、八《はち》条院《じょういん》、修理太夫経盛《つねもり》、内侍所御座、進止同、宝剣見えず、女院、二宮」とあるのがそれである。

行方不明というのは存命なのか亡くなったのかがわからないということなのであって、亡くなったというのとは違う。いわゆる潜幸説、つまり、その後何方へか落ちのびてそこで暮らしていたという説は、この延長上にあることはいうまでもない。

安徳天皇八二〇年遠忌《おんき》を記念して出版された全国平家会編『平家伝承地総覧』（平成十七年五月、新人物往来社）にも、各地に伝わる安徳天皇潜幸説は、計十一カ所が載せられている（表2「各地に伝わる安徳天皇潜幸説」）。

そして、その果てには、実はここが安徳天皇の陵であるという伝説が存するということになる。先にみた堀一郎氏の列挙した十五カ所というのは、このことである。いずれも、伝説の調査をまとめたものであるから、数の上で互いに矛盾が生じるのは致し方がない。しかしそれにしても、この中からどのようにして安徳天皇陵を「探す」、あるいは「選ぶ」というのであろうか。

もちろん、放っておいて自然に安徳天皇陵が決まる訳はない。問題は、明治政府にあって陵墓に関する事柄を担当した宮内省がこうした事態にどのように対応したのか、ということである。

［表2］各地に伝わる安徳天皇潜幸説

横倉山潜幸説	高知県高岡郡越知町横倉山
山陰潜幸説〔八頭町〕	鳥取県八頭郡八頭町
対馬潜幸説	長崎県対馬市厳原町久根田舎
宇土潜幸説	熊本県宇土市岡花園・晩免古墳
久留米潜幸説	福岡県久留米市
祖谷潜幸説	徳島県三好郡西祖谷山村・東祖谷山村
伊予潜幸説	愛媛県八幡浜市保内町平家谷
山陰潜幸説〔三朝町〕	鳥取県東伯郡三朝町中津
宇佐潜幸説	大分県宇佐市
硫黄島潜幸説	鹿児島県硫黄島とその周辺
能勢潜幸説	大阪府豊能郡能勢町宿野

典拠：全国平家会『平家伝承地総覧』（平成17年5月、製作／新人物往来社）

宮内省が選定した四カ所の最終候補地

三章でみた文久の修陵では、安徳天皇陵は埒外《らちがい》であった。今から思えばそれも実にもっともなことであったが、その後を受け継いだ明治政府は、少なくともこの安徳天皇陵に関する限りは、文久の修陵とは異なる姿勢をとった。つまり、安徳天皇陵を「探す」、あるいは「選ぶ」ことにしたのである。とはいえ、その実態はすでに述べた通りである。

そこで宮内省はいわば中間的なカテゴリー、つまり、ある意味では天皇陵であり、ある意味では天皇陵とは言えないような部門を作って事に当たったのである。宮内省は、明治十六年（一八八三）三月二十三日に、三カ所の「安徳天皇御陵墓見込地」を指定した。次の通りである。

・山口県豊浦《とようら》郡地吉《じよし》村
・高知県高岡《たかおか》郡越知《おち》村
・長崎県下県《しもあがた》郡久根田舎《くねいなか》村

この三カ所はその後「御陵墓伝説地」と名称を改めた。そして明治二十一年（一八八八）十二月二十六日には、やはり安徳天皇陵を見込んだ「御陵墓伝説参考地」が、この三カ所に加えて次の通り指定された。

・熊本県宇土《うと》郡花園《はなぞの》村大字立岡《たちおか》字晩免《ばんめん》

［図7］**安徳天皇阿弥陀寺陵**（『巡陵紀程』より）

つまり合計四カ所である。このうち、山口県豊浦郡地吉村を除く三カ所は、いずれもすでにみた表2に記載がある。すなわち順に、横倉山《よこくらやま》潜幸説・対馬《つしま》潜幸説・宇土潜幸説である。こうしてみると、やはり安徳天皇陵を決定することは、「探す」ことであると同時に「選ぶ」ことでもあったことを決して否定する訳にはいかない。

突然の決定をみた安徳天皇陵

しかしその後、明治二十二年（一八八九）七月二十五日には、山口県下関《しものせき》市に安徳天皇阿弥陀寺《あみだじ》陵が決定された。これが、今日の安徳天皇阿弥陀寺陵（山口県下関市）である。赤間《あかま》神宮の傍、つまり、安徳天皇が亡くなったとされる壇ノ浦に接してある。

とは言え、その前年には、右にみたように熊本県宇土郡花園村大字立岡字晩免に安徳天皇陵を見込んだ「御陵墓伝説参考地」が指定されたばかりなのであるから、これは随分と早い展開である。

安徳天皇陵が山口県下関市に阿弥陀寺陵として決定されたことについて、『明治天皇紀』明治二十二年六月三日条は、

是《こ》れより先、条約改正の議起るに際し、伯爵伊藤博文《いとうひろぶみ》以為《おもえ》らく、万世一系の皇統を奉戴《ほうたい》する帝国にして、歴代山陵の所在の未だ明《あきら》かならざるものあるが如きは、外交上信《しん》を列国に失ふの甚しきものなれば、速《すみや》かに之れを検覈《けんかく》（厳しく調べること）し、以て国体の精華を中外に発揚せざるべからずと、廟議亦《また》之れを可とす。（（）内は筆者による）

と述べ、同日に、光孝《こうこう》天皇陵・村上《むらかみ》天皇陵・冷泉《れいぜい》天皇陵・円融《えんゆう》天皇陵・三條《さんじょう》天皇陵・

[地図4]**安徳天皇阿弥陀寺陵**(山口県下関市)

二条《にじょう》天皇陵・順徳《じゅんとく》天皇陵・仲恭《ちゅうきょう》天皇陵・光明《こうみょう》天皇陵（以上、京都府）、顕宗《けんぞう》天皇陵・武《ぶ》烈《れつ》天皇陵（以上、奈良県）を、同年七月二十日に、後一條《ごいちじょう》天皇陵（京都府）を、同月二十五日に、崇峻《すしゅん》天皇陵（奈良県）・安徳天皇陵（山口県）を決定した（ただし、後一條天皇陵・崇峻天皇陵は改定）ことを述べる。

つまりこの一連の動向は、幕末期における文久の修陵では決定されなかった天皇陵を決定し、改められるべき天皇陵は改定するという、明治政府による陵墓行政のいわば画期として位置付けられるものといえよう。

とはいえここでは、安徳天皇陵特有の事情については全く触れられていない。安徳天皇陵については、すでにみた通り、それまでに計四カ所が候補地として指定されているのであるが、このようなことは、他の天皇陵については全くみられないことである。このような複雑な事情が一挙に解決され、見事安徳天皇陵が決定されたというのには、どのような事情があったのであろうか。

なぜ赤間関《あかまがせき》に決まったのか

『安徳天皇陵崇護の由来』（昭和三年九月）（国立国会図書館憲政資料室牧野伸顕《まきののぶあき》文書）に興味深い記事がある。同書は、「問者村上恭一《むらかみきよういち》、述者牛尾得明《うしおとくみよう》」、つまり、「問者」が「述者」にインタビューをする形式で進められる。

牛尾得明は、明治十五年（一八八二）三月二十日に鳥取県岩美《いわみ》郡岡益《おかます》村の長通《ちようつう》寺の住職となり、以降、長通寺近傍に存する石堂《いしんどう》が安徳天皇陵であることを確信するに至り、石堂を安徳天皇陵として決定させるべく極めて盛んに運動した人物である。鳥取県知事山《やま》田信道《だのぶみち》にも会い、明治十九年（一八八六）四月に同地に宮内省諸陵寮《しよりようりよう》主事六村中彦《ろくむらなかひこ》が訪れた際にも色よい返事を得て、いずれ石堂が安徳天皇陵に決定されるのを心待ちにしていた。

ところがその後、明治二十二年（一八八九）七月に山口県下関市の安徳天皇陵決定の報を受け、早速同年九月には上京し、宮内大臣伯爵土方久元《ひじかたひさもと》、諸陵頭川田剛《かわたたけし》、諸陵亮足立《あだち》正聲《まさな》に面会した。もちろん決定は覆《くつがえ》らなかったものの、次のような説明を受けたというのである。

村上「山口県赤間関に帝陵を御決定になつたといふのは、如何《いか》なるわけでございますか。」

牛尾「それは最前《さいぜん》も一寸申し上げましたが、実は同地に古来一の奇習があるのでございます。といふのは、毎年三月廿四日に限り、この日は全く平常に異つて、女人の地位が男子を凌《しの》ぎ、女人の思ふ儘《まま》に振舞ふことが出来るのでございます。この風習の起源は、寿永《じゆえい》年間平氏没落幼帝崩御の時に遡《さかのぼ》ると申すことであります。この事が天聴《てんちよう》（天皇〔この場合は明治天皇〕に話が届くこと）に達しまして、さる奇習が連綿として七百年後の今日まで続いて居るとは、正《まさ》しく仔細《しさい》のあることであらう。他に真の　安徳天皇の御陵墓の発見せらるる迄、一応同所を以て御陵と決定せよとの御諚《ごじよう》にて、ここにかの御勅定発布を見るに至つたのでございます。右様の次第ですから、別にこれぞといふ確たる資料のあるわけではなく、現に官報公示の文句にも、旧阿弥陀堂を以て御陵と定むとあるのみで、そこに御陵があると断定せられたのではございません。これは後に伊藤博文公から親しく承《うけたまわ》つたことですが、何しろ山口県には明治維新以来廟堂《びょうどう》にその人を得て、かかることに関してもその運動が非常に便利である。之に反して、鳥取県は不幸にして政府の要路に人材を出すこと少なく、伊藤公の所謂《いわゆる》『鳥取県は不毛の地』でありますから、何事につけても目的の達成が至難であります。かかることは条理上には有り得べからざることでございますが、世の中は理屈通りには参らぬものでございます。」（　）内は筆者による）

「天聴」、そして「御諚」。つまり、明治天皇による決定だったのである。天皇による天皇陵の決定ということでいえば、三章でみた神武天皇陵の場合と同じである。孝明《こうめい》天皇が神武天皇陵を決定した際には、その理由は示されなかったのであるが、今回の明治天皇による安徳天皇陵の決定については、理由が述べられている。

もっとも、右にみたような、天皇陵決定のための理由としてはあまりに突飛な理由である。明治天皇もそれはよく承知していたことであろう。であればこそ、「他に真の　安徳天皇の御陵墓の発見せらるる迄」などという条件がついているのであろう。

それにしても気になるのは、「現に官報公示の文句にも、旧阿弥陀堂を以て御陵と定むとあるのみで、そこに御陵があると断定せられたのではございません」との牛尾得明の言である。『官報』に「旧阿弥陀堂を以て御陵と定む」とあるというのであれば、それは安徳天皇陵の紛れもない決定に他なるまい。それを「そこに御陵があると断定せられたのではございません」などというのは、牛尾得明の曲解と言わざるを得ない。しかしとにもかくにも、安徳天皇陵は明治天皇によって山口県下関市に決定されたのである。

さてそれならば、計四カ所もある「御陵墓伝説地」「御陵墓伝説参考地」はもう要らないはずである。要らないというよりも、在在するのは宜《よろ》しくない、と考えられて当然であろう。何しろ正式の陵が決まったのである。そもそも「御陵墓伝説地」にしても「御陵墓伝説参考地」にしても、正式の陵を「探す」あるいは「選ぶ」ためのいわば候補であった訳だから、陵が決定された以上、「御陵墓伝説地」も「御陵墓伝説参考地」も解除されるのが筋というものではないか。

ところがそうはならなかったのである。計四カ所の「御陵墓伝説地」「御陵墓伝説参考地」はそのまま継続された。

それればかりではない。形をかえてではあるが、ついに牛尾得明の執念が実ったのである。山口県下関市に安徳天皇陵が決定されてから六年後の明治二十八年（一八九五）十二月八日、長通寺近傍の石堂《いしんどう》は「御陵墓参考地」に指定された。もちろん、牛尾得明は宮内大臣に建白をするなどして宮内省に熱心に働きかけたのではあるが、それにしても、正式の安徳天皇陵が決定された後になってからもなお、安徳天皇陵を見込んだ「御陵墓参考地」が指定されるというのは、いかにも整合性に欠ける経緯である。

とはいうものの、天皇陵を決定するのに際して、「探す」だけではなく、「選ぶ」ことも同時にされなければならなかった安徳天皇陵の場合について言えば、ある意味では、当然の帰結というようにみることもできよう。

即位が確認できない天皇の陵墓

次いでは長慶天皇陵についてである。先にも記したように、長慶天皇陵の場合は、長慶天皇の即位が、はたしてあったのかどうかが、まず問題となる。これについて取り組んだ成果をまとめたものが、八代國治《やしろくにじ》著『長慶天皇御即位の研究』（大正九年十月、明治書院）である。同書の成果等によって、大正十五年十月二十一日に長慶天皇の在位は公的に認められたのである。皇統加列という（図8「南朝系図」参照）。八代國治は大正十三年四月一日に逝去したが、同年六月八日には第十四回帝国学士院恩賜賞を受けた。

しかし即位があったというのなら、その長慶天皇の御陵はどこにあるのかということが当然問題となる。これは必ず解決しなくてはならない大問題である。

もっとも、長慶天皇陵を見込んだ陵墓参考地は、この時点ですでに二カ所も存在していた。河根《かね》陵墓参考地（和歌山県）が明治二十一年（一八八八）二月二十四日に、相馬《そうま》陵墓参考地（青森県）が同年十二月二十七日に指定されていたのである。

ただし指定当時は、和歌山県のものが「御陵墓伝説地」、青森県のものが「御陵墓伝説参考地」であった。陵墓としての信憑性としては「御陵墓伝説地」の方が高く位置付けられていた。それならば、この二カ所のうちいずれかを、場合によっては、信憑性がより高く位置付けられた和歌山県のものを長慶天皇陵として決定すればよさそうにも思われるのであるが、さてどうなったのであろうか。

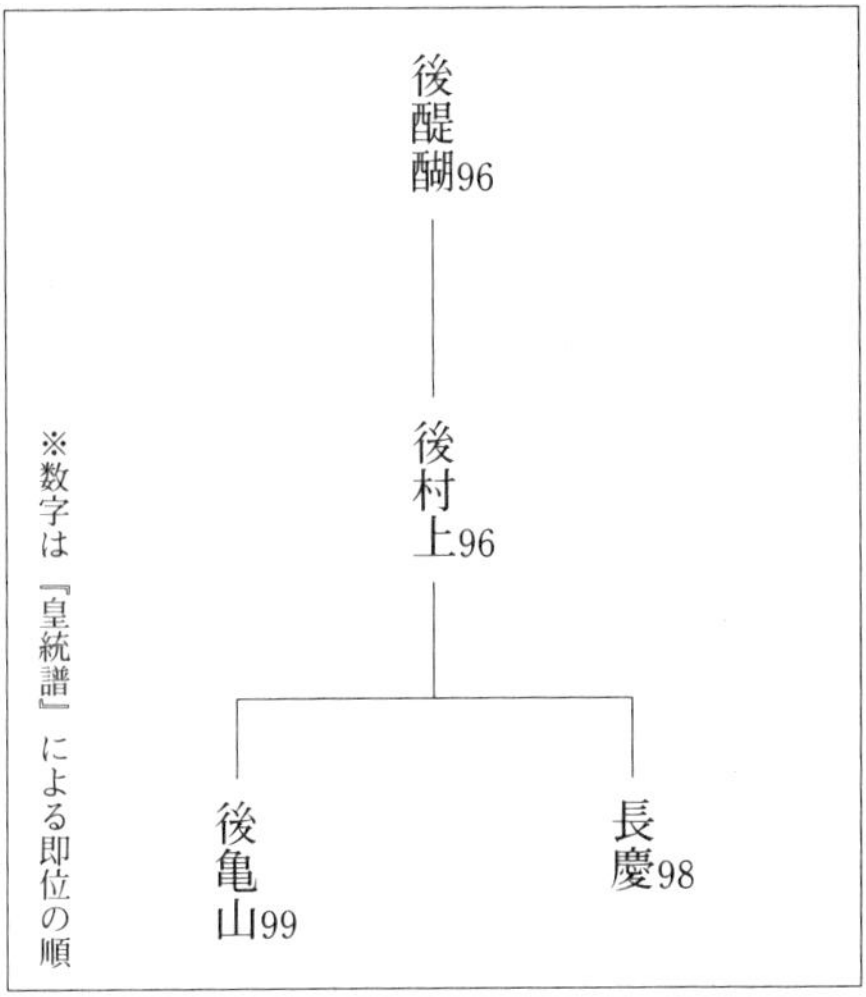

［図8］**南朝系図**

臨時陵墓調査委員会の設置

　その長慶天皇陵を決定するために設けられた委員会がある。臨時陵墓調査委員会である。宮内大臣による陵墓をめぐる諮問《しもん》事項に答申することを職務とする。設置されたのは、昭和十年（一九三五）六月である。

　臨時陵墓調査委員会については、従来その存在がほとんど知られることがなかったが、宮内庁書陵部保管歴史的資料の中に、『臨時陵墓調査委員会書類及資料』と題する全十冊の書類綴が収められている。これをひもとくことによって、臨時陵墓調査委員会の活動の全貌が明らかとなる。以下、特記する他は、この『臨時陵墓調査委員会書類及資料』によって述べる。

臨時陵墓調査委員会が初めて総会を開催したのは、六月二十七日である。そこで、当時の宮内大臣湯浅倉平《ゆあさくらへい》による「挨拶《あいさつ》」があった。重要な部分を引用する。（ ）内は筆者による)

御承知の通り現在宮内省に於きまして御守りを致し管理を申上げて居りまする御陵墓は、御方の数から申上げますと八百十三あるので御座いまするが、今尚《なお》御陵墓の御治《ご》定《じょう》になつて居りませぬ御方々が長慶天皇を始め奉《たてまつ》りまして、凡《およ》そ一千五百にも及んで居る有様で御座います。

長慶天皇は大正十五年大統《たいとう》（天皇の系統）に列せられ給ふたので御座いますが、其《そ》の御陵は未だ御治定の運びに至りませぬのみならず、長慶天皇の御陵と伝へて居ります箇所でありまして今日迄宮内省の関知致して居りまする所は殆《ほとん》ど七十箇所にも達せんとする有様で御座います。然るに未だ御陵の所在に付て確たる手懸《てがかり》も発見せられませぬ。誠に恐懼《きょうく》に堪《た》へぬ次第で御座います。之は一日も速《すみやか》に御陵の御治定を仰ぎ得る様になりまして、長慶天皇の御皇霊を安んじ奉り宸衷《しんちゆう》（天皇のお心）に報ひ奉りますと共に、赤子《せきし》（天皇からみての一般国民）の冀望《きぼう》（希望）を満たさねばならぬので御座います。又御治定になつて居りませぬ御陵墓に就きましては、従来と雖《いえども》宮内省に於きまして調査考究を進めつゝあるのでありまするが、去る三月には更に宮内省官制の一部を改正致しまして諸陵寮職員として考証官が新設せられました。御陵墓調査機関の拡張を見るに至つたので御座います。乍併《しかしながら》御陵墓に関しまする事柄は其の性質真《まこと》に重大でありまするが故に、之が取扱は慎重を期さなければなりませぬ。又調査も出来る丈《だけ》充分に手段を尽し審議を凝《こら》さなければなりませぬ。之が為に此の委員会を設けられましたので御座います。

本委員会に御諮《はか》り致したいと存じまする事柄の大体を申上ぐれば、長慶天皇の御陵の調査を主要なるものと致しまして、之と共に其の他未だ御治定になつて居りませぬ御陵墓の調査に関しまする事項、及《および》其の他に或は既に現在御治定に相成つて居りまする御陵墓に対してもいろいろ疑義のあるものが御座いまするので、其の究明に関する事柄或《あるい》は陵墓参考地の調査整理に関する事項等で御座いますが、何分にも事柄は沢山御座いますし史上に徴証の乏しい難件で御座いまするが故に、之等《これら》の案件に就きましては特に各位の腹蔵なき御協議を願ひ御審議を煩《わずらわ》したいと存じます。

（『臨時陵墓調査委員会書類及資料 一』）

ここに、臨時陵墓調査委員会にとっていかに長慶天皇陵の決定が重大な諮問事項であったかが明らかである。すなわち、長慶天皇陵をめぐる事柄は次のように諮問された。

諮問第一号

一長慶天皇の陵は如何に調査考証すべきや

以降、この難問をめぐって臨時陵墓調査委員会による審議がなされることになる。さて、臨時陵墓調査委員会の構成は以下の通りである。

委員長　宮内次官　　大谷正男

委員　図書頭兼諸陵頭　渡部信
宮内省参事官　浅田恵一
図書寮編修官　芝葛盛
東京帝国大学教授兼史料編纂官　辻善之助
京都帝国大学教授　濱田耕作
東京帝国大学名誉教授　黒板勝美
国宝保存会委員　荻野仲三郎
東京帝国大学助教授兼帝室博物館鑑査官　原田淑人
幹事　宮内事務官（諸陵寮）　伊藤武雄
宮内書記官（官房秘書課）　林與之助
諸陵寮考証官　和田軍一
書記　諸陵寮考証官補兼宮内属　山﨑鐡丸
宮内属（参事官室）　松井彌吉郎
宮内属兼諸陵寮考証官補　小川三郎

このうち、この「諮問第一号」の審議に当たったのは、黒板勝美・辻善之助・荻野仲三郎・芝葛盛の各委員からなる小委員会である。

すでに本章では、堀著『我が国民間信仰史の研究』が長慶天皇陵とされる場所が「二百カ所」もあることを述べていること、また、同著がそのうち二十七カ所を列挙することについて触れたが、この小委員会では、このような各地に存する長慶天皇陵とされる場所について、どのような審議がなされたのであろうか。

百カ所を超す候補地

小委員会では、前後数度にわたって、このような各地の長慶天皇陵とされる場所について具体的に審議したのであるが、ここでは、その初回と考えられる審議の資料である昭和十一年四月「極秘長慶天皇陵伝説箇所関係書類一覧一」(以下、「関係書類一覧」という)からみることにしたい。

「関係書類一覧」には、計七十三カ所の長慶天皇陵の「伝説箇所」が記されている。道府県別の内訳は、北海道一カ所・青森県八カ所・岩手県三カ所・福島県一カ所・群馬県三カ所・東京府一カ所・富山県四カ所・山梨県四カ所・長野県一カ所・静岡県一カ所・愛知県十カ所・三重県三カ所・和歌山県五カ所・京都府八カ所・大阪府四カ所・奈良県一カ所・兵庫県二カ所・鳥取県一カ所・岡山県一カ所・広島県一カ所・香川県一カ所・愛媛県六カ所・徳島県一カ所・福岡県二カ所である。全国各地に散在する様子が一目瞭然である。この中には、先にみた河根《かね》陵墓参考地と相馬陵墓参考地も含まれている。

小委員会はこの七十三カ所を、「第一類」と「第二類」とに分類した。「第一類」の方が「第二類」よりも低く位置付けられ、「第一類」の中が（イ）「単なる想像に拠るもの」（ロ）「伝説に拠るもの」（ハ）「附会の説をなすもの」（ニ）「偽作偽物に拠るもの」に分けられ、「第二類」は「的確なる資料を欠くも尚捨て難きもの」とされた。ただし、同じ「伝説箇所」が「第一類」とされると同時に「第二類」ともされたり、同様に、「第一類」とされた「伝説箇所」でも（イ）～（ニ）の中の複数にまたがって分類されたりすることがある。

その上で、これらの中から現地の視察を要する「要踏査地」が計十二カ所選ばれた。以下の通りである。（　）内に「関係書類一覧」における分類を示すとともに、「　」内に

「関係書類一覧」の記述を引くことにする。

①富山県西砺波《にしとなみ》郡西野尻《にしのじり》村安居寺《あんごじ》（第二類）
「御過去帳（江戸時代の写）及び土地台帳に拠るものにして素朴捨て難きもの」

②富山県西砺波郡赤丸《あかまる》村親王塚《しんのうづか》（第二類）
「河内金剛寺《こんごうじ》禅恵と関係あるが如し、宗良《むねよし》親王の伝えもあり、序《ついで》を以て踏査すべし」

③和歌山県伊都《いと》郡小佐田《おさだ》村（第一類（ハ）「附会」）
「附会の趣あれども土地柄を以て踏査すべし」

④和歌山県伊都郡河根《かね》村大字丹生川《にゅうがわ》陵墓参考地（河根陵墓参考地）（第一類（ニ）「偽物」）
「証拠書類は信じ難きものなれども墳上の塔に元中《げんちゅう》の銘あり、土地柄踏査を要す」

⑤和歌山県伊都郡高野山大字高野山奥院玉川（第一類（ハ）「附会」）
「所謂玉川塔は川名等より附会せしものならんも土地柄踏査を要す」

⑥和歌山県有田《ありた》郡八幡村（第一類（ハ）「附会」）
「花園古文書新葉集《しんようしゅう》徒然草《つれづれぐさ》吉野古文書等に基く附会の説なれども土地柄踏査を要す」

⑦京都市右京区嵯峨《さが》蓮華峯寺《れんげぶじ》陵兆域内（第一類（イ）「想像」）（第二類）
「大覚寺《だいかくじ》門室相続の際の加行作法に基く一の想定なれども土地柄踏査を要す」
⑧京都市右京区嵯峨蓮華峯寺址（第一類（イ）「想像」）（第二類）
「御曾祖父の関係を辿《たど》れる一の想定なれども土地柄踏査を要す」
⑨京都市右京区嵯峨慶寿院《けいじゆいん》址（第二類）
「慶寿院の名称及び開山皇子海門《かいもん》の関係を辿《たど》りたる想定なれども土地柄踏査を要す」
⑩大阪府 南《みなみ》河内《かわち》郡川上村勧心寺《かんしんじ》（第二類）
「御髪塔の伝あり、踏査を要す」
⑪大阪府南河内郡川上村大字川合寺《かわいでら》（第一類（ニ）「偽物」）
「菊花御紋章入石碑ありと云ひ、また長慶天皇御名入の石碑埋没の口碑ある由なれど共に真実と認め難きも序《ついで》を以て踏査すべし」
⑫奈良県吉野郡十津川《とつかわ》村大字上野地（第一類（ロ）「伝説」）（第二類）
「長慶天皇を御祭神とする国王神社あり、土地柄踏査を要す」

このうち⑦⑧⑨は、この時点で「踏査済」であった。また④は、先にもみた河根陵墓参考地であって現に宮内省の管理下にある。確かに「要踏査地」と位置付けられているにもかかわらず、何と「第一類」の（二）、つまり「偽作偽物に拠るもの」に分類されている。それどころか相馬陵墓参考地に至っては、河根陵墓参考地と同様「偽作偽物に拠るもの」に分類された上に、「要踏査地」とされることすらもなかった。

その後、小委員会は各地の長慶天皇陵とされる場所について審議を行なった。それとともに各地からの長慶天皇陵とされる場所についての上申はなおも続き、ついには百カ所を超す有様であった。さて、小委員会の、そして臨時陵墓調査委員会が出した結論はどのようなものであったのであろうか。

「擬陵《ぎりよう》」という考え方

以下にみるのは、『所謂《いわゆる》擬陵《ぎりよう》の問題』との表紙の文書綴に収められた「皇室陵墓令下に於ける所謂擬陵の問題」と題する文書で（以下、「所謂擬陵の問題」とする）、昭和十八年（一九四三）二月十五日に「審議室」によって作製されたものである。「審議室」というのは宮内大臣に直属する部局とみることができる。

この「所謂擬陵の問題」は、東京大学大学院法学政治学研究科附属近代日本法政史料センター原資料部・岡本愛祐《おかもとあいすけ》文書にあるもので、『臨時陵墓調査委員会書類及資料』には収められていない。このことは、「所謂擬陵の問題」が、臨時陵墓調査委員会からの答申を受けた宮内大臣の側によって作製されたことを、よく示すものである。

さて、この「所謂擬陵の問題」は、長慶天皇陵について臨時陵墓調査委員会における審議の結論をまとめて、以下のように述べる。なお、ここにある「皇室陵墓令」というのは、四章でみた「皇室陵墓令」のことで、長慶天皇の皇統加列と同じ大正十五年（一九二六）十月二十一日に公布に至ったものである。

㈠　長慶天皇の御墳塋《ふんえい》（遺骸が納められた場所）は遂に之《これ》を発見すること能《あた》はざること

㈡　崩御当時の御座所及《および》崩御前御入洛《ごにゅうらく》のことを明記せるものなしと雖《いえど》も、諸種の事情より推論し、且《か》つ長慶天皇の御別号慶寿院《けいじゅいん》より推考して、嵯峨なる慶寿院趾を最も有力なる御斂葬地《れんそうち》（遺骸が納められた場所）と解すること

㊂「現下長慶天皇の御陵所を御治定相成るべきに於ては」（傍点原文のママ）慶寿院阯に御陵を定めらるゝを最も妥当なりと認むること（（ ）内は筆者による）

臨時陵墓調査委員会は、度重なる審議・踏査にもかかわらず、ついに長慶天皇の遺骸の眠る場所を確定することができなかったのである。そこで、その最も有力な候補として嵯峨の慶寿院阯を挙げ、「現下」において長慶天皇陵を決定しようというのであれば、同地に定めるのが最も妥当としたのである。いわば、次善の策とでもいうべきであろう。

これに対する「審議室」の見解は次の通りである。

結局従前不明なりし長慶天皇の御墳塋は、遂に発見すること能わず。将来も亦《また》恐《おそら》くは発見不能なるべきが故に、現下その御陵を御治定相成るに於ては、諸種の事情に由《よ》りその斂葬地なるべしと推考せらる慶寿院阯に所謂擬陵を定めらるるより外なしとするものと解すべし（傍点原文のママ）

この「擬陵」、つまりは陵になぞらえるということが、長慶天皇陵を慶寿院阯に決定することの根拠となる、というのである。それにしても、確かにそこに遺骸が存するのではない場所を陵とすることは、はたして許されることなのであろうか。「所謂擬陵の問題」は注意深くその点に言及し、それまでにすでに決定していた天皇陵の中にも、実はそのような例があったことを具体的に例を挙げて指摘する。次の通りである。

一、桓武《かんむ》天皇柏原《かしわばら》陵（円形）明治十三年御治定
陵は壊滅せしものと考えらるゝに由り、陵のありし跡と考へらるゝ三人屋敷の地に就て陵域を定む
二、景行《けいこう》天皇皇后播磨稲日太郎姫命《はりまのいなひのおおいらつめのみこと》日岡《ひおか》陵（前方後円）明治十六年御治定
御遺骸を得ざりしに由り、皇后の御物（匣《はこ》と褶《かさね》）を葬りし所を以て陵とす
三、崇峻天皇倉梯岡上《くらはしのおかのえ》陵（円形）明治二十二年御治定
陵は夙《はや》く湮滅《いんめつ》せしものと考えらるゝに由り、天皇の皇居なりし柴垣宮《しばがきのみや》の旧地及天皇屋敷と伝へらるゝ両地を一郭として陵域を定む

四、二條天皇香隆寺陵《こうりゆうじ》（円墳）明治二十二年御治定
陵所香隆寺《こうりゆうじ》址も痕跡を留めざるに由り、香隆寺の中心部と考えらるる地域附近の良地を相して陵域を定む

五、安徳天皇阿弥陀寺陵（円墳）明治二十二年御治定
天皇崩御の後、八年崩御の處に一堂を建て御陵に擬せられたるに由り、其《その》堂を以て陵とす

六、仲恭天皇《ちゆうぎよう》九條陵《くじよう》（円墳）明治二十二年御治定
陵所所伝なきに由り、御在所九條殿に因《ちな》みて凡《およそ》九條に相当する東山東福寺《とうふくじ》の山中の浄地を卜《ぼく》して陵域を定む

七、光明《こうみよう》天皇大光明寺《だいこうみようじ》陵（円墳空堀）明治二十二年御治定　一陵一墓御同域
陵は湮滅《いんめつ》したるに由り、陵所大光明寺の故地内の浄地を選びて陵域を定む

ここで、ここに挙げられた七カ所の例についてみることにしたい。とはいっても安徳天皇陵についてはすでにみたので、残る六例についてである。そのためにここでは、上野竹《うえのたけ》

次郎《じろう》編『山陵上・下』（大正十四年七月、山陵崇敬会、平成元年二月に名著出版より覆刻）と、米田雄介《よねだゆうすけ》編『歴代天皇・年号事典』（平成十五年十二月、吉川弘文館）からみることにしたい。ともに、天皇陵について網羅的な知識を提供してくれる良書である。

桓武天皇は、大同元年（八〇六）三月に崩御し、同年四月に山城国《やましろ》（京都府）紀伊郡《きい》「柏原山陵《かしわばら》」に葬られ、同年十月に「柏原陵」に改葬されたが、後の豊臣秀吉による伏見《ふしみ》城築造に際して破壊されたかと思われる。その後、所在地については諸説あったが、三章でみた文久の修陵では不明とされた。明治十三年（一八八〇）三月になって、谷森善臣《たにもりよしおみ》の説に従って、現在の場所に決定された。

播磨稲日太郎姫命《はりまのいなひのおおいらつめのみこと》は景行天皇の皇后であり、日本武尊《やまとたけるのみこと》らを産んだ。景行天皇五十二年五月に崩じた。『播磨国風土記』には、皇后が亡くなって日岡《ひおか》に墓を営んで亡骸を印南川《いんなみ》（現在の加古川）を渡す時、つむじ風が起きて遺骸が川に沈んでしまい、わずかに匣《くしげ》（櫛を入れる箱）と褶《ひれ》（肩かけ）を得るのみであった。そこで、日岡《ひおか》の墓には匣《くしげ》と褶《ひれ》を納めた、という。文久の修陵で不明とされ、明治十六年（一八八三）に決定された。

崇峻天皇は、蘇我馬子の命を受けた東漢駒《やまとのあやのこま》によって崇峻天皇五年十一月に殺され、その日の内に倉梯岡陵に葬られた。陵については、『延喜式』に「陵地（引用註：天皇陵の敷地）ならびに陵戸《りょうこ》（引用註：天皇陵の現地における管理人）無し」とされ、すでに『延喜式』が成った十世紀の段階で場所が不明であったことがわかる。文久の修陵でも不明とされたが、明治九年（一八七六）一月には倉橋村雀塚《すずめづか》に擬定され、明治二十二年（一八八九）七月には、陵を決定することはできないとして、崇峻天皇ゆかりの地である皇居柴垣宮伝承地と天皇の位牌を安置する観音堂を陵とした。

二條天皇は、永万元年（一一六五）七月に崩じ、八月には香隆寺東北の野で火葬され、遺骨は香隆寺本堂に安置された。その後香隆寺が廃されるとともに陵も不明となった。文久の修陵でも不明とされた。明治二十二年五月に、陵を探すことはできないとして、香隆寺旧址の中から良地を卜《ぼく》して陵を造営した。

仲恭天皇は、文暦元年（一二三四）五月に崩じたが、陵の所在地については不明である。文久の修陵でも不明とされた。明治二十二年六月に、崩御の地に因《よ》って陵を決定した。

光明天皇は、いわゆる北朝の天皇で、康暦二年（一三八〇）六月に大和長谷寺で崩じて火葬され、伏見大光明寺に蔵骨された。陵は次第に荒廃し、大光明寺が豊臣秀吉の伏見城築城によって相国寺《しょうこくじ》内に移され、その後所在を失った。ところが光明天皇には摂津《せっつ》国勝《かつ》尾寺《おじ》で崩じたとの説もあり、文久の修陵では勝尾寺の石塔が陵とされた。しかし明治二十二年に、光明天皇の次に即位した崇光《すこう》天皇陵の隣が陵と決定された。

このような事情を考えてみれば、右にみた例が明治二十二年になってようやく決定されたのも、よくその主旨が理解されようというものである。これが、「擬陵」の実質的な前例とされたのである。安徳天皇陵の場合もそこに遺骸が存しているのではなかったから、「擬陵」であるといえば確かにその通りである。

それにしても、随分と多くの天皇陵が「擬陵」であったものである。ここにみえる七カ所の例は明治十三年から二十二年にかけて決定されたものであるが、他の多くの天皇陵が幕末期のいわゆる文久の修陵の際に決定されたのに較べて、決定が遅れたのにはそれなりの理由があったのである。

崩御から五五〇年遠忌《おんき》の決定

かくして長慶天皇陵は京都嵯峨の慶寿院趾に営まれることになった。その決定は、昭和十九年二月十一日の紀元節（神武天皇が即位したとされる日〈旧暦を新暦に換算〉）になされた。昭和十九年は、長慶天皇の崩御から五五〇年の遠忌《おんき》に当たる。

同日付『朝日新聞』は「『嵯峨東陵』と勅定《ちょくじょう》／京都長慶天皇の御陵」との見出しで、長慶天皇陵の決定を報じるとともに、松平恒雄《まつだいらつねお》の「宮内大臣謹話」を載せる。次の通りである。

嵯峨《さが》の地は又第九十代亀山《かめやま》天皇を始め奉《たてまつ》り、第九十一代後宇多《ごうだ》天皇、第九十九代後亀《ごかめ》山《やま》天皇の御在所であり、且《かつ》御陵の存する地でありまして同皇統を継がせ給《たま》ひし長慶天皇に御縁の深い地で御座ります、恰《あたか》も天皇崩御の後五百五十年に相当する本年に於《おい》て同所に御陵を御治定《ごちじょう》相成り御陵名を嵯峨東陵と勅定《ちょくじょう》あらせられましたることは、畏《かしこ》くも長慶天皇在天の皇霊《こうれい》を安《やす》んじ奉《たてまつ》り御追遠《ついえん》（祖先祭祀を丁寧にすること）奉仕に万全を期《き》し得《う》る所以《ゆえん》と恐察《きょうさつ》し奉《たてまつ》ります、茲《ここ》に御歴代天皇の御陵は悉《ことごと》く御決定を拝するに至り慶祝《けいしゅく》措《お》く能《あた》はざる次第に存じます（（　）内は筆者による）

宮内省発表　長慶天皇の陵左の通定めらる

長慶天皇陵

京都府京都市右京区嵯峨天龍寺角倉町

長慶天皇の陵名　左の通定めらる

嵯峨東陵

宮内省発表　承朝王の墓左の通定めらる

承朝王墓

京都府京都市右京区嵯峨天龍寺角倉町

『嵯峨東陵《さがのひがしのみさざき》』と勅定

京都　長慶天皇の御陵

人皇第九十八代長慶天皇は、去る大正十五年十月二十一日詔書をもつて御歴代に御登列の御事が宣示せられたが、同天皇の御陵については当時なほ不明にて御治定を仰ぐに至らず、御歴代中、同天皇御一方のみ御陵未詳のため一億国民ひとしく同天皇山陵の御決定を御待ち申上げてゐたところ、このたび京都市右京区嵯峨天龍寺角倉町に同天皇御陵を御治定、御陵名を『嵯峨東陵』と勅定あらせられ、また同時に長慶天皇の皇子承朝王の御墓も同所に定めさせられ、十一日紀元節の佳辰にあたり、上掲のごとく宮内省から発表された

宮内大臣謹話

謹んで按じまするに第九十八代長慶天皇は後村上天皇の皇子にましまし興国四年御誕生正平二十三年後村上天皇の御後を承け大統を継がせ給ひ御在位凡そ十六年の後御位を後亀山天皇に譲らせられ次いで太上天皇の尊号を受けさせ給ひ応永元年（皇紀二千五十四年）八月一日崩御あらせられました、御別号を慶寿院と申し上げ奉ります

恐れ多い次第ながら其の御代の史実は文献の記述が審かならずかつ資料の缺如等に因り甚だ明確を缺きましたので長慶天皇の御在位が闡明せられ御歴代に御登列の詔書を拝しましたのは実に大正十五年十月廿一日の御事にて而も御陵に付きましては当時仍不明の為御治定を見るに至らず恐懼に堪へぬ所で御座りました、爾来宮内省におきましては凡ゆる資料を探索し百箇所を超ゆる伝説地及び推考地につき極力調査に努め更に昭和十年六月特に宮内省中に臨時陵墓調査委員会を設け宮内大官を委員長として文学博士黒板勝美、同辻善之助、同浜田耕作、同西田直二郎、同原田淑人、荻野仲三郎、芝葛盛等斯界の権威を委員とし鋭意調査に当らしめ資料蒐集及び実地踏査箇所約四百、会議を重ぬること四十余回、前後九年七箇月に亘り慎重審議を盡さしめましたる結果同委員会は遂に昭和十五年十二月京都嵯峨慶寿院の故地（現在京都市右京区嵯峨天龍寺角倉町所在）を御陵所として答申致しました、仍て宮内省におきましては尚審議検討を重ねましたる上右答申に基き御陵御治定を仰いだのであります ―

嵯峨の地は又第九十代亀山天皇を始め奉り第九十一代後宇多天皇、第九十九代後亀山天皇の御在所であり且御陵の存する地でありまして同皇統を継がせ給ひし長慶天皇に御縁の深い地で御座ります、恰も天皇崩御の後五百五十年に相当する本年に於て同所に御陵を御治定相成り御陵名を嵯峨東陵と勅定あらせられましたることは畏くも長慶天皇在天の皇霊を安んじ奉り御追遠奉仕に万全を期し得る所以と恐察し奉ります、茲に御歴代天皇の御陵は悉く御決定を拝するに至り慶祝措く能はざる次第に存じます

國學に深き御造詣

長慶天皇には御資性御明敏にして御学殖にわたらせ給ひ、国文学においては源氏物語の註釈を集めさせられて御独創の解釈を加へさせられた仙源抄の御作がある、御製は新葉和歌集、長慶天皇千首、天授元年五百番歌合等に数多く拝せられる、漢文学の御素養のほども御製、仙源抄にて拝察せられ、朱子の註した孟子、中庸等も乙夜の覧に供し奉られた、また光厳僧正に梵の印について御下問のこともあり、もつて密教に関する御知識のあらせられたことが拝察される、御宸翰は高野山の霊宝集に収められた御願文が唯一のものであるが、御筆力、御文辞極めて力強く拝せられるのである

［図 9］「**『嵯峨東陵』と勅定**」
（『朝日新聞』〔東京本社〕昭和 19 年 2 月 11 日付）

ここに「同所に御陵を御治定《ごちじよう》相成り」とあるといっても、そこに長慶天皇の遺骸が納められている確証のないことは、読者の皆さんもすでにご承知の通りである。それでも、「長慶天皇在天の皇霊《こうれい》を安《やす》んじ奉《たてまつ》り御追遠《ついえん》奉仕に万全を期《き》し得《う》る」というのである。このような天皇陵のあり方も確かに存したのである。

これにともなって、長慶天皇陵を見込んだ相馬陵墓参考地（青森県）と河根陵墓参考地（和歌山県）はともに廃止された。正式の陵が決定された以上、もう陵墓参考地が要らないのは当然である。これは、安徳天皇陵の場合に正式の陵の決定の後も、なお四カ所の陵墓参考地はそのまま残されたことと対照をなす。正式の陵と陵墓参考地との関係についてみれば、安徳天皇陵の場合と長慶天皇陵の場合とでは、明らかに措置が異なったのである。

本章で取り上げた安徳天皇陵と長慶天皇陵の決定へ向けての動向は、一方が海に没して崩御したのか何処かへ落ちのびてから崩御したのかわからない中で、もう一方はそもそもはたして即位があったのかどうかさえわからないというところから、始めざるを得なかったのである。しかも、安徳天皇陵と長慶天皇陵とも、各地に多くの陵とされる場所があっ

［地図5］**長慶天皇陵**（京都市右京区）

た点で共通する。そのような中で、いったいどのようにして陵を決定したらよいのか。これ以上はない難問であったろうと思われる。

そこで編み出されたのが「擬陵」という考え方である。これを、臨時陵墓調査委員会の答申を受けた宮内大臣以下の官僚が逃げ込んだいわば詭弁《きべん》とみるか、それとも、そもそもわが国における墓とは、あるいは祖先祭祀とはそういった可能性を常に孕《はら》むものであって、決してあるべき姿を逸《いっ》したものとは言えないとみるかは、判断の分かれるところであろう。

この問題をさらに深く考えるための方法として、本章の冒頭でみた堀一郎氏による宗教民俗学的な方法に拠《よ》るのが良いのか、あるいは、文久の修陵以降、明治・大正・昭和期に至る陵墓行政の経過を仔細に検討するのが良いのか、何とも見通しの立て難いところである。

もちろん、たった一通りの考え方、方法ですっきりと解決がつく類《たぐい》のものでもないことだけは確かである。今の時点では、ただ、天皇陵をめぐる問題にさまざまな角度から光をあて、視点をかえつつ議論しようとするばかりである。

六章　仁徳《にんとく》天皇陵発掘は許されるか——地中に眠る「文化財」

天皇陵は「聖域」か、「文化財」か

いったい天皇陵とは何なのか。これまで本書でさまざまな視点から述べてきたのも、この問いに対する答えを求めてのことである。その答えの候補のひとつが「聖域」であることは、これまでみてきた通りである。二章でみた天皇陵を「宗廟」とする考え方や、五章でみた「擬陵」との考え方も、広い意味では、この範疇《はんちゅう》に含めて考えることができるであろう。そもそも天皇陵とは天皇の遺骸の眠る所のことをいうのが第一義であるが、これまでみてきたように、必ずしもそれだけではない。天皇陵について考えることは決して容易なことではない。

さて本章では、天皇陵をめぐるさまざまな考え方に、さらに新たな視点をひとつ付け加えることにしたい。それは、天皇陵とされた古墳を、わが国の歴史・文化を今日に伝える「文化財」とする考え方である。このような考え方と、天皇陵を「聖域」とする考え方と比較すると、一見したところ全く互いに相容れないようにみえる。「聖域」と「文化財」というのでは、その意味するところが全く違うのは確かであろう。

しかし、仮に「聖域」といわず、信仰の対象ということになれば、この二つを兼ね備えている例は、決して珍しいことではない。たとえば、仏像の多くは「文化財」として指定・管理されてはいるが、同時に、紛《まが》う方なく信仰の対象である。それでも、「聖域」と信仰の対象とでは、全く別のこととして考えなくてはならないのであろうか。

少し話題が拡がり過ぎてしまった。天皇陵の話に戻すとして、「聖域」と「文化財」、この二つの考え方の内容について、これまでに、具体的に検討が加えられたことは、ほとんどないのである。そしてまた、本書にあっても、この問題についてまだ正面から取り上げてはいない。

それにしても、天皇陵とされる古墳を「文化財」とする考え方は、いつ頃から存するのであろうか。天皇陵とされている古墳を天皇陵としてではなく考えようというのであるから、明治とか昭和の戦前期ではないことは確かである。とすれば、やはり戦後期のことであろう。戦後期は、天皇についての考え方をめぐる大転換期であったことは、今さらくだくだしく述べるまでもない。

さらにいえば、「文化財」というからには「文化財保護法」との関係にも眼を向けなければならない。「文化財保護法」は昭和二十五年（一九五〇）五月三十日に議員立法によって制定されたが、第二条の「文化財」についての規定には、第四項に「貝づか、古墳、都城跡、城跡、旧宅その他の遺跡で我が国にとつて歴史上又は学術上価値の高いもの(略)」(傍点引用者)とあり、古墳は明らかに「文化財」とする。

そもそも「文化財保護法」第一条には、次のようにある。

この法律は、文化財を保存し、且つ、その活用を図り、もつて国民の文化的向上に資するとともに、世界文化の進歩に貢献することを目的とする。

ここには、「文化財」が日本国、そして世界の中で果たすべき役割が実に堂々と述べられている。このように筋道を立て手順を踏んで考えてくれれば、天皇陵とされていようといまいと、古墳はすべて「文化財」として考えるべきであるという結論が、すぐにでも出てきそうである。

『読売新聞』の仁徳《にんとく》天皇陵発掘推進論

さて「文化財保護法」は、昭和二十四年一月二十六日の法隆寺金堂壁画の焼失を契機として制定されたのであるが、その同じ年に、仁徳《にんとく》天皇陵発掘の是非をめぐる議論が繰り拡げられるという動向があった。これは、もののみごとに賛成論と反対論に分かれての大論争となった。天皇陵の中でも特に仁徳天皇陵が取り上げられたのは、やはり、最大規模の古墳であることが、社会一般の耳目を集めたということなのであろう。

この論争については今日ほとんど顧《かえり》みられることはないが、充分注目に値するだけの内容があった。本章では、その際に繰り広げられた議論の詳細について、みていくことにしたい。主な史料は新聞である。

昭和二十四年四月二十七日付『読売新聞』は、「仁徳陵を発掘の提案／世界最大古墳に国際的の援助」との見出しの記事を載せた。この記事は、前年に来日したハーバード大学ライシャワー教授が東京大学教授江上波夫《えがみなみお》氏と会談した時、仁徳天皇陵発掘の計画があるなら、国際的な発掘とするのが良いから、アメリカの援助も得られるように努めると話し、その後ライシャワー教授から計画の進捗《しんちょく》について問い合わせがあったが、これに対して日本の考古学界は賛否両論に分かれている、とした上で、次のように続ける。

反対論者は天皇の陵を発掘することは国民感情にさからい、いくら科学の名によつても許されない、すでに明治五年アラシのため前方部の石棺があらわれ金メッキのヨロイ、カブト、鏡、太刀、ハニワなど種々の遺物が出土しているからいま発掘してもたいしたものは出て来ないであろうというのである、これに対し賛成論者は神話のベールにおおわれた古代史を科学的に書直すためにはぜひ必要だという

さらに、発掘賛成論者として東京大学江上波夫教授、反対論者として明治大学後藤守一《ごとうしゆいち》教授を挙げ、それぞれのコメントを載せる。

また、同年四月二十九日付『読売新聞』の「編集手帖」欄は、この仁徳天皇陵発掘の賛否について「仁徳陵は発掘すべきである。学者の良心と、科学者の真理探究の神聖な態度をもつて発掘し、そこから古代日本の文化のほんとうの姿を掘りだすべきである」とし、ピラミッドの例を引きつつ次のように断じる。

仁徳陵を発掘の提案

世界最大古墳に国際的の援助

國内に賛否両論

せめて表面調査でも

大きな收穫はない

［図 10］**「仁徳陵を発掘の提案」**
（『読売新聞』昭和 24 年 4 月 27 日付）

一千五百年前の文化財を地下に眠らせておくことはわが国考古学界の昼寝をイミする
(傍点引用者)

ここにみえるのは、これ以上はない仁徳天皇陵発掘推進論であり、発掘反対論の否定である。とはいえ、ある種の条件が付いている。発掘には、「学者の良心と、科学者の真理探究の神聖な態度」が求められるし、発掘して得られるのは、「古代日本の文化のほんとうの姿」でなくてはならないというのである。また、仁徳天皇陵について、はっきり「文化財」と述べていることは大いに注目に値する。

実は、この一連の『読売新聞』の記事は、国内で発行された英字紙『ニッポンタイムス』の記事に触発されてのものであった。

『ニッポンタイムス』同年三月二十四日付の「今だからこそいえる/神武《じんむ》天皇は日本の最初の統治者ではなかった/最新の歴史学では十世紀の差、徹底的な研究の末に学識者は主張」(原英文、以下『ニッポンタイムス』については同じ)との見出しの記事、同年三月三十

Grave of Emperor May Be Excavated

Discoveries Which May Surpass Those Made at Tutenkhamon's Tomb Expected

By TAMOTSU MURAYAMA

Archaeological discoveries which may rival or even surpass in importance those which followed the excavation of the tomb of King Tutenkhamon in 1922, are expected should the mausoleum of Emperor Nintoku (313-399 A.D.) in Osaka be dug up. Plans have quietly progressed for such an undertaking and have reached the point where Prince Takamatsu, Emperor Hirohito's second brother, is reliably reported to be slated to become chairman of an excavation committee.

In size Emperor Nintoku's mausoleum is believed to be the largest burial mound in the world. It is several times the size of the largest Egyptian pyramid—so gigantic, in fact, that most people mistake it for a natural hill. The mausoleum is reputed to contain treasures of immeasurable value not only in terms of money but, equally or more important, from the standpoint of art and history.

Meanwhile, it has been learned that Dr. Edwin O. Reischauer of Harvard University who is at present in the United States, conferred with Prince Takamatsu some months ago regarding the proposed scientific research work. It is believed that Dr. Reischauer, on his return to Harvard, has brought the matter to the attention of the university's officials.

Up to a couple of years ago it was out of the question to hope for permission to excavate the mausoleum of a Japanese emperor. For one thing emperors were considered gods.

Dr. Hiroshi Ikeuchi, professor of history at Tokyo University and a scholar who is recognized as one of Japan's foremost historians, said that he was severely assailed some years ago when he proposed the excavation of a mausoleum regarding which there was at that time no record as to who might be buried within it.

［図11］「天皇陵は発掘されるであろう」
（『ニッポンタイムス』昭和24年3月31日付）

一日付の「天皇陵は発掘されるであろう／ツタンカーメン墓を凌ぐ発見が期待される」との見出しの記事、同年四月二日付の「仁徳天皇の治世は素人を手こずらせる／歴史学者の非難は天皇の治世が八十六年であるのに亡くなった時八十三歳であったことである」との見出しの記事、そして、同年四月十七日付の「天皇陵発掘の五か年計画／巨大規模の計画国会に議案として提出」との見出しの記事は、それに当たるものである。

当然、『ニッポンタイムス』の論調も、一覧すればわかるように、右にみた『読売新聞』の記事と同様に、仁徳天皇陵の発掘に賛成するものである。

発掘に反対する立場からの言い分

それでは、当時の輿論《よろん》は、その大勢が仁徳天皇陵発掘に賛成であったのだろうか。それが、必ずしもそうではなかったのである。つまり、仁徳天皇陵の発掘に反対する議論も確かにあったのである。そのような考え方の例として、以下に、『神社新報』の記事をみることにしたい。

『神社新報』は昭和二十一年（一九四六）七月に創刊され、以降今日に至るまで週一回の

[地図6] **仁徳天皇陵〔大山古墳〕**（大阪府堺市）

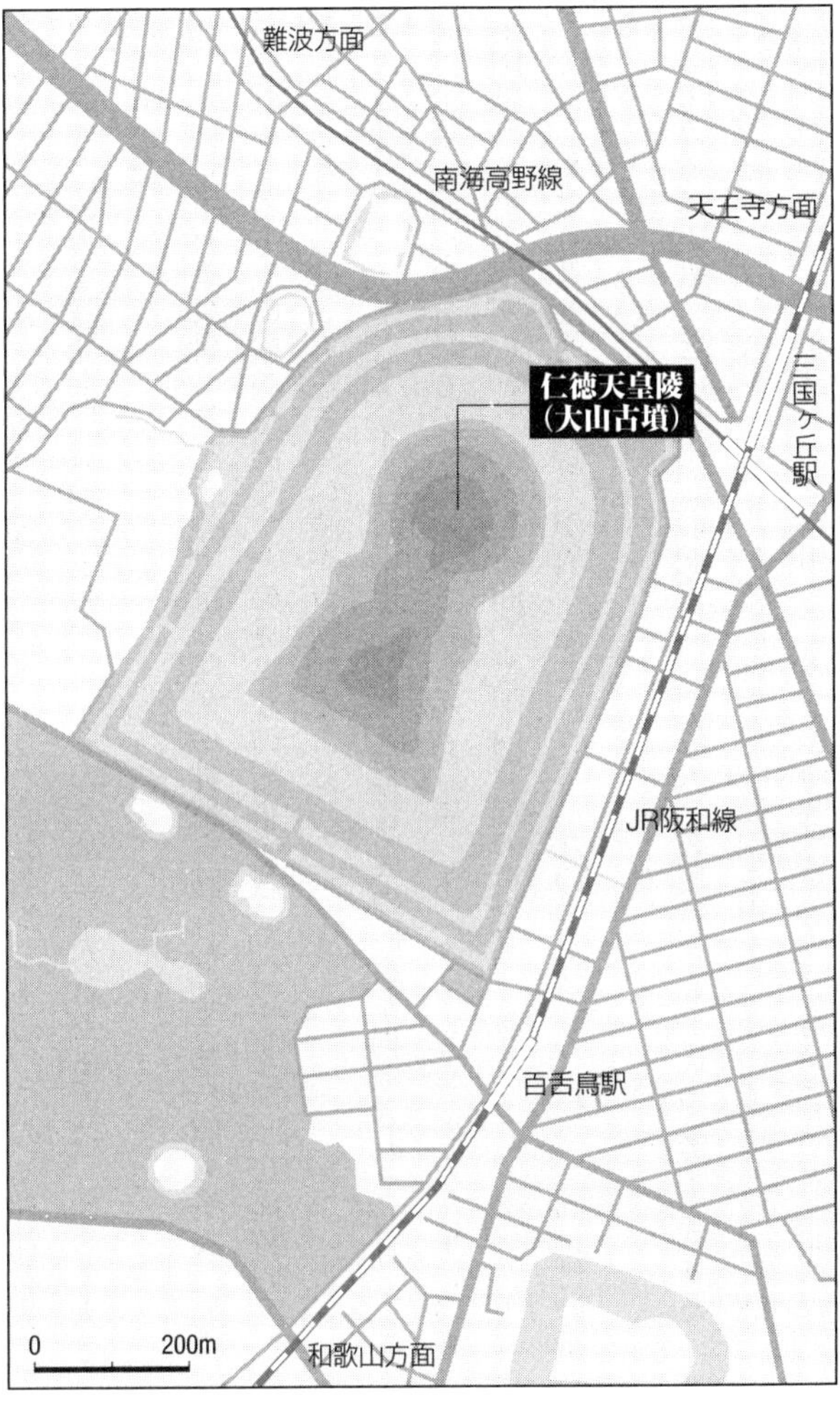

ペースで発行されている。読者層は神職や氏子、また崇敬者等である。その『神社新報』は、全面的に仁徳天皇陵発掘反対論を主張する。そのために割《さ》かれた紙面は、極めて大きなものであった。

昭和二十四年五月九日付『神社新報』は「陵墓の神聖を護《まも》らむ／一部新聞の暴論／異常な憤激を呼ぶ／各方面の駁論《ばくろん》を聞く」との見出しの記事を載せた。ここに「一部新聞」として標的とされたのは、もちろん『読売新聞』である。

右にみた通り、『ニッポンタイムス』にも同じく発掘賛成の記事が掲載されており、『読売新聞』よりも記事の分量も多く、掲載されたのも『ニッポンタイムス』の方が早いのだが、全国紙としてよく知られた『読売新聞』と国内発行の英字紙である『ニッポンタイムス』とでは、やはり社会的な影響力が異なるということなのであろう。以下、同日付の紙面からみることにしたい。

「誤解してゐる読売紙」との見出しの記事は、明治大学教授後藤守一氏の談話を載せた。後藤氏によると、ライシャワー氏は決して仁徳天皇陵発掘を提案したのではない。仁徳天皇陵発掘については、二年ほど前に市川《いちかわ》市に考古学研究所を設立したジェラード＝グロート氏が話をしてきたことがあるが、自分はそれに不賛成で、日本の法律では所有者がある場合は古人の墓を掘ることが禁じられていると答えた。これとライシャワー氏の話が混合されて『読売新聞』の記事になったのではないか、とする。

「許せぬ信仰蹂躙《じゅうりん》」との見出しの記事は、神社本庁座田《さいだ》教化部長の談話を載せ、仁徳天皇陵には信仰を捧げ守護する継承者がいて、エジプトやインカの遺跡のような廃墟とは違う。皇室は百年毎に式年祭を行ない、明治三十二年（一八九九）九月八日には仁徳天皇千五百年祭が執り行なわれた、とする。

「今更ら調査の必要なし」との見出しの記事は、國學院大学図書館佐野大和《さのやまと》氏の談話を載せ、御陵の実測をしたいなら、宮内府図書寮の実測図があるはずだからそれを見ればよい、とする。

「学べ治水の御事蹟」との見出しの記事は、神道文化会木下専務理事の談話を載せ、仁徳天皇については治山・治水の事業を思い出す。国土の荒廃を見るにつけ、こういうことを無視して誤った方向に走るならまことに申し訳ない、とする。

「穏当を欠く」との見出しの記事は、代議士松永佛骨《まつながぶつこつ》氏の談話を載せ、単なる学問的好奇心で墓を発掘するとかあばくとかいうのは、はなはだ穏当でない。ただ、調査によって葬られた方の御徳を発揚でき、多大の学問的効果が挙げられ、しかもその子孫が許可した時にのみ例外的に許されよう、とする。

さらに「社説」は、「編集手帖子に與《あた》へて／山陵冒瀆《ぼうとく》論を戒《いまし》む」との見出しで『読売新聞』に対する全面的な反論を展開する。ここに「編集手帖子」というのは、右にみた『読売新聞』同年四月二十九日付「編集手帖」の執筆者を指してのことである。「あはれむべき哉《かな》その迷妄、愚かなる哉読売編集手帖子。今われ等が国民感情と人間理性とに促されて述べる言にしばらく耳を傾けよ」とは大いに手厳しい。その上で関連する事例を二つ挙げる。

まずは何とキリスト教の例である。ローマの聖ペトロ大聖堂地下にあると推定される聖ペトロの墓の調査には、四名の考古学者が当たったが、いずれも聖職にあり、その成果の無断公表は破門の厳罰であり、発掘が機微に触れるや一切の器具を捨てて手指によるほど敬虔《けいけん》な態度であるという、とする。

次いでの例は儒教である。中国の歴代帝王の陵墓のほとんどが盗掘される中にあって、孔子墓廟のみが厳存し、国際発掘団や極端な唯物主義者も暴かなかったのは、孔子に後裔《こうえい》衍聖侯《えんせいこう》あり、中国国民及び道義を愛する世界の眼があるからである、とする。

以上、五月九日付『神社新報』をみると、総じて、仁徳天皇陵のみならず天皇陵一般について、発掘を強烈に反対する論調が明瞭である。

議論の突然の幕引き

『神社新報』による『読売新聞』批判の第二弾は、五月十六日付紙面である。「御陵発掘問題／読売紙の誤報／憤《いきどお》る人、胸撫《な》でおろす人」との見出しのもとに、記事を載せる。「発掘論批判」との見出しの記事は、「時評」として文学博士大場磐雄《おおばいわお》氏による寄稿である。これは「古来信仰の対象とされている品々をどうしても見たい場合は、それに応《(ママ)》しい態度を以て臨むべき」であるとした上で、「従来信仰の対象となつてゐる品に対しては国宝の指定も遠慮してゐた」と述べる。

「発掘論に与《くみ》せず」との見出しの記事は、『カトリック新聞』松風《まつかぜ》編集長の談話を載せる。同記事は、「後世にその死者を聖人に列するために古墳を掘ることがある、これは聖人に列するための種々の條件を証明するために必要なのであつて例へばザベリオの墓の如きは数回も掘られている様であるがそれはその度にいよいよその徳をたたへ、より立派に手厚く葬るためのものである、従つてカトリックで行ふ墳墓の発掘は科学的興味などによつて発掘するものでなく、科学者のそれとは全くその本質において異なるものがある」と、カトリックにおける墳墓の発掘のあり方について述べる。

この五月十六日付の紙面もまた、発掘反対論一色である。『神社新報』の論調は極めて一貫している。

以上、『読売新聞』と『神社新報』、また『ニッポンタイムス』も含めての、天皇陵発掘の是非をめぐる新聞記事をみた。これらの記事に接して何よりも感じることは、極めて短い期間ではあったものの、実に密度の濃い議論がなされた、他にかえ難い機会であったということである。賛成論と反対論が正面からぶつかり合う構図で、それぞれの主張に曖昧なところがない。したがって、それぞれの論旨はとてもわかりやすい。もっとも、互いに議論を交わす中である程度の方向性なり、結論へ向けての道筋をつけるまでには至らなかったものの、極めて有意義な議論だった。

ところが、こうした議論は、早々に打ち切られることとなった。これは、発掘の実現に向けて邁進《まんしん》するかとも思われた日本考古学協会が、五月二日には、早々に発掘を行なわない旨を決めてしまったからである。日本考古学協会が必ずしも天皇陵の発掘に賛成しなくてはならないいわれはないのかもしれないが、天皇陵の発掘がなされる現実的な見込みが皆無となってしまっては、それ以上の議論の進展はありようもなかった。

問題解決に至る道筋とは

今日の視点で、右にみた『読売新聞』『神社新報』、また、『ニッポンタイムス』にみえる天皇陵発掘の賛否の議論を比較すれば、発掘賛成の議論に共感を覚える向きが多いのではないかと思われる。右にみた「文化財保護法」の「文化財」についての規定もさることながら、なんといっても仁徳天皇陵は世界一の面積を誇る巨大古墳である。わが国の、そして広く東アジアの古代史を研究する上での極めて貴重な文化財であることについては、立場の如何にかかわらず、一片の疑いをも差し挟む余地はない。

ましてやこの議論が繰り広げられた昭和二十四年には、未だＧＨＱによる占領下にあるとはいうものの、「日本国憲法」のもと、言論の自由は保障されていた。時代の背景を考えても、それまでの天皇についての、あるいは学問についての枠組みとは全く異なった、新しい展開を求める機運が社会一般に高まっていたのは事実であろう。

しかし考えてみれば、天皇陵発掘の賛成論はともかくとして、反対論がいったいどのような根拠によるものなのかということについて、堂々と公の場で論ぜられたという意味で、昭和二十四年の一連の論争は、まことに稀有《けう》の機会であった。それも、『読売新聞』に載せられた比較的限られた紙面の記事だけではなく、大きな紙面を割いた『神社新報』の記事があればこそ、天皇陵発掘反対論全体の輪郭もつかめようというものである。発掘反対論に与《くみ》すべしとここで述べるつもりはないが、全国紙によるばかりでは見えてこないものもあることを、忘れてはならない。

ここで、『神社新報』の天皇陵発掘反対論について、その要点をまとめてみると、おおむね、次のようになるだろう。

すなわち、天皇陵は、埋葬された方の子孫である天皇による祭祀が、今日もなお継続的になされているのであり、信仰の一環としてなされる場合や、被葬者の名誉を傷つけず大きな学問的成果を挙げることが期待でき、子孫の許可を得られた場合のみ、例外的に認められるものであって、そこには自《おの》ずと礼儀や心構えが求められる。そうでない場合には、決して認められるべきではない。

ここからもわかるように、発掘反対論者も、自らの主張するところを理を尽くして自論を展開しているのであって、ただ訳もなく反対の論陣を張っていたわけではないのである。

付け加えていえば、『読売新聞』昭和二十四年四月二十九日付の「編集手帖」も、仁徳天皇陵発掘の前提として、「学者の良心」と「科学者の真理探究の神聖な態度」を挙げている。このことも、右にみた発掘反対論と併《あわ》せて考えなければならない。

こうしてみてくると、天皇陵発掘の是非についての議論を展開しようとするための前提は、ここにおおよそ整ったとみて然るべきであろう。

つまり、ここで問題とされているのは、天皇陵の発掘が、祭祀を冒し葬られている人の名誉を傷つけはしないかということであり、子孫の許可を得られるのかということであり、さらに言えば、礼儀や心構えに則《のっと》っているかということなのである。このような具体的な条件が列挙されてこそ、そのひとつひとつに検討を加えてゆくこともできようというものである。その積み重ねこそが、天皇陵発掘の是非について考えることそのものである。

天皇陵発掘に賛成する立場からすれば、誰が、どのようにして、何のために発掘するのかを、真摯《しんし》な態度で検討し、それを社会一般に分かり易い言葉で伝えるということである。加えて、天皇による祭祀の中で天皇陵が占める位置がいかなるものか、それは、はたして古代から連綿と継続されてきたものなのかどうか、継続されてきたというなら、どのように継続されてきたのか、そして、陵なり古墳なりがそれぞれの時代においてどのように扱われてきたのかなどといった事柄について、緻密《ちみつ》で実証的な研究が展開されるということである。

さらに、それを受けて、天皇陵発掘に賛成であれ反対であれ、社会一般に対する議論を展開していけば良い。少なくとも筋からいえばそうである。このような手順を抜きにしていきなり発掘の是なり非なりを論じても、それこそ議論は嚙《か》み合わないだろう。

もし年月をかけて、このような手順を尽くしても解決できない問題があるというのなら、それは、天皇陵というよりも、むしろ天皇、あるいは天皇制そのものについての根本に遡っての議論が必要な問題というべきなのであろう。

「文化財保護法」制定前夜の、天皇陵発掘の是非をめぐる論争についての大枠は、おおむね以上の通りである。

高松塚《たかまつづか》古墳の発掘を契機とした国会の論議

さてその後、天皇陵をめぐる問題について盛んに論じられた時期は二度訪れた。

一度目は、昭和四十七年（一九七二）三月の高松塚《たかまつづか》古墳（奈良県高市《たかいち》郡明日香《あすか》村）の発掘と、それにともなう極彩色の壁画の発見を契機としたものである。この時はいわゆる古代史ブームが沸き起こり、中でも古墳についていえば、高松塚古墳のような規模の小さな古墳からでさえあれだけ見事な壁画が発見されるのであるから、巨大な天皇陵からは、さぞや素晴らしい発見があるであろうという社会一般の期待もあった。

このことは国会でも取り上げられ、答弁に立った宮内庁の官僚は専《もっぱ》ら防戦に努めた。その一例として、同年三月三十日の衆議院内閣委員会における質疑・応答をみることにし

たい。（（　）内は筆者による）

○木原《きはら》委員（略）御承知のように、ごく最近、例の奈良県の明日香村で古墳の発掘が行なわれまして、まことにすばらしい古代美術というものに接することができた、こういうニュースが伝わっておるわけであります。それに関連をいたしまして、私どものところにもたいへん篤実《とくじつ》な考古学者の方々がいろいろなお話をしに見えました際に、宮内庁のほうで所管をいたしておる歴史的な陵墓、皇室あるいは天皇の陵等の調査あるいは発掘等についても、あらためて考える時期が来ているように思う、こういうような話がございました。宮内庁の立場では、歴代の天皇の陵墓を守る、それが基本的な任務だと思います。しかし、やはり明日香村で偶然の機会にすばらしい歴史のあかしとなるようなものが発掘をされますと、一面では、やや便乗をしてムード的にあそこもここもと発掘のブームが出るのを戒める声も強いわけでありますけれども、しかしながら、同時に、国会の中でもすでに定説になりつつあるような幾つかの、歴史的というよりも文化的な価値の高いと思われる陵墓等について、言うまでもなく、国の仕事として適切な方法をもって調査あるいは発掘の事業、こういうものをやるというような場合に、これは一体どういうふうに対処をされるのか。宮内庁の所管にかかわることであると同時に、他の分野にも大きくかかわる問題なのですが、そういう問題についての長官（宮内庁長官）の御見解をひとつ承っておきたいと思うのですけれども、いかがでしょう。

○宇佐美《うさみ》説明員　陵墓というのは、私がいまさら申し上げるまでもなく、陵は天皇、皇后、皇太后、太皇太后のお墓で、それからその他の墓というのは皇族のお墓でございます。要するに、御遺骸を納め、御冥福《ごめいふく》を祈り、そうして後世の人が御先祖を祭るという精神のものでございまして、非常に精神的な意味が強いものであると私は思います。したがって、普通の史跡やなにかのように、公開し、調査し、発掘しという考えはとうてい考えられません。調査というようなことは、あるいは限度によってあり得るかもしれませんけれども、そういうような発掘をしてあばくというような感じは、現在の私どもの範囲においてはとうてい考えられないことだと思います。
ただ私どもも、陵墓というものを管理し、あるいは修理をするのでございますが、何か大きくくずれたような場合には、手をつけるについても、一応詳細な準備をして、学会のそういう専門家にも御相談をしてやっておりますし、特殊なことがありますれば、これを宮内庁が出版をいたしておりますす雑誌にも調査報告を出して公開をしているわけでございます。それ以外に特別な意味でこれを公開し、興味をもってやるというようなことは、私どもはとうてい考えられないというふうに考えておるわけでございます。

（『国会会議録』）

そうしてみると、この際に繰り広げられた議論の当事者の構図としては、発掘に賛成する側についてはともかくとしても、発掘に反対する側の議論の主体は宮内庁、即ち官僚機構が主であったということになる。宮内庁の議論の内容をここで詳しく取り上げるつもりはないが、昭和二十四年の議論と比較してみると、昭和二十四年の場合には、天皇陵の発掘に賛成する側と反対する側のいずれにも、少なくとも表立っては官僚機構は与《くみ》していないこととは著《いちじる》しい対照をなすものである。

天皇陵への立ち入りを限定的に許可した宮内庁

二度目は、平成十九年（二〇〇七）一月に宮内庁がそれまでの方針を改めて、極めて限定的ながら要件を満たした場合には、学術的目的であっても天皇陵への立ち入りを認めたことを契機としたものである。

『読売新聞』平成十九年一月一日付「陵墓立ち入り調査容認／古代史研究前進も／宮内庁」。また、『読売新聞』同年三月二日付「陵墓『新規則』に意義／宮内庁が立ち入り緩和を明文化」（片岡正人氏）は、この問題に詳しく触れている。

また、『神社新報』も、同年三月五日付で「旧方針との相違三点／陵墓立ち入りに新方針／宮内庁『従来の方針に変はりはない』」との記事を載せ、同月十二日付では、「論説」として「宮内庁新方針／陵墓はピラミッドではない」を掲載している。

もちろんこの方針の変更によって、たとえごく部分的な範囲ではあっても、宮内庁によって管理されている古墳の墳丘を、関連学会の代表は実地に観察することはできるようになったのであり、肯定的に捉えることもできる。

しかしながら、この時に取り沙汰されたのは、あくまでも天皇陵への立ち入りにとどまるものであって、発掘は全く視野に入っていない。その点では、議論は内容の面でも質の面でも、昭和二十四年の場合とも昭和四十七年の場合とも著しく異なってしまっている。ということは、考古学を中心とした関連学会の側でも、必ずしも天皇陵の発掘を宮内庁に対して要求していないということである。先にみたように、昭和二十四年の場合にも日本考古学協会は早々に天皇陵の発掘をしないことに決めてしまっているのであるが、そのような姿勢は、この時もおおむね変わらなかったのである。考古学者は今すぐにでも天皇陵を発掘したいのではないか、とつい考えてしまいがちであるが、決してそうではないのである。いったいなぜなのであろうか。

なぜ考古学者は、発掘を主張しようとしないのか

この問題を正面から取り上げたのが、矢澤高太郎《やざわこうたろう》著『天皇陵の謎』（平成二十三年十月、

文春新書）である。同書は「終章　日本の誇りのために」で、天皇陵の発掘についての考古学者の意見を集中的に載せる。そこで矢澤氏は「一般の方は驚くだろうが、学者、研究者の中でもそれ（引用註：陵墓の公開）を主体部（引用註：古墳の中でも被葬者が葬られている所）の発掘に結び付けて主張している人間はほとんどいないのである。一般の人々もマスコミの人間も、この点を大きく誤解している（同書281ページ）」とする。その上でこの問題についての著名な考古学者の意見を並べる。矢澤氏は元読売新聞の記者である。

考古学者が天皇陵の発掘を主張しない理由はこうである。

「気が遠くなるような労力と時間が必要になります。地方自治体は行政発掘で手いっぱいだし、それを実行出来る余裕のある機関などはどこにもありません」（明治大学名誉教授大《おお》塚初重《つかはつしげ》氏）

「全部で三、四十年ぐらいかけるつもりでやらなければ、必ず遺跡の破壊につながります。それなら、今のままの方がはるかにいい」（同志社大学名誉教授森浩一《もりこういち》氏）

「それよりも、開発で失われてしまう遺跡の綿密な発掘など、やるべきことは山ほどあります。一部の国民感情を刺激しながら、膨大な予算を使って御陵を発掘して、どれだけの

プラスがあるだろうか」（大正大学名誉教授斎藤《さいとう》忠《ただし》氏）

「その時期にはまだ達していないと思うんです。考古学には、まだ他にやるべきことがたくさんある」（関西大学名誉教授故末永雅雄《すえながまさお》氏）

このように考古学者の見解を紹介した後で、矢澤氏は「陵墓のあるべき姿」のひとつとして宮内庁に対して「陵墓の公開」を求める。ただしその「公開」の内容とは、「即座に主体部の発掘を意味するものではなく、一般国民の内部への一定の立ち入りを許可する」というものである。矢澤氏はその理由について、「残念ながら、陵墓の発掘は、日本がいつの日か政治的にも文化的にも成熟した、先進国としての『普通の国家』になった時に、初めて論議する問題であると結論付けるほかはない。日本人が日本人としての自らの誇りを取り戻す日まで、陵墓古墳の主体部の発掘も棚上げにすべきだろう。だからこそ、当面はせめて墳丘内部の公開をと主張したいのである」と述べる。

ここでみた考古学者と矢澤氏の議論は、天皇陵発掘時期尚早論としては共通するが、その意味するところは異なる。矢澤氏がわが国のあるべき姿と重ねて論じているのに対して、考古学者がいうのは、類い稀《まれ》な巨大古墳を発掘しようとする場合に現実に直面せざるを得ない、手順の上での、あるいは組織の上での課題の指摘である。

ここで、天皇陵の発掘についての尚早論を述べた考古学者による議論を顧みると、それらは総じて、条件が整わないから発掘には賛成できないとしているのであって、決して発掘を全面的に否定しているのではない。そうであるならば、その条件を整えるためには何が必要か、そのことが議論されなければならないのは当然である。

だが、いつまでも議論がその段階にとどまっていたのでは、堂々巡りでしかなくなる。条件が整ったその後の見通しが含まれていなければ、社会一般に対する説得力ある議論となり得べくもない。

右にみた、学会代表を対象とした墳丘への立ち入りにしても、いったい何のために立ち入りを許すのか、何のために立ち入るのか。また、立ち入るだけで最終的に満足するというのか、それとも立ち入りの先には、たとえば発掘のような目標が具体的に設定されているのか。そうであるならばどのようにしてそれを実現させようというのか。このような事柄について、広く社会一般を視野にいれて議論をしようとするのでなければ、ただ管轄官庁のお許しを得て中を歩かせていただきました、というだけのことに終わってしまう。そうであれば、議論のレヴェルとしては、昭和二十四年の場合よりも、昭和四十七年の場合よりも、はるかに後退したものにとどまってしまうことは明らかである。

そうしてみると、本章でみてきた昭和二十四年の議論は、何十年かの年月を越えて、いかに今日天皇陵に関心を持つ人びとに強いメッセージを与えているか、ということに今更ながら気付かされる。天皇陵の発掘に賛成であれ反対であれ、そのことをめぐる議論のいわば原点として、昭和二十四年の一連の議論が意味するところは大きい。

おわりに

本書を終えるにあたって、いま一度、「序」でみた、聖徳太子墓における柳田國男《やなぎたくにお》・折口信夫《おりくちしのぶ》・岡野弘彦《おかのひろひこ》と「若い衛士」との間に起きたエピソードを想い起こしていただきたい。「若い衛士」は自らの手抜かりを棚に上げて、聖徳太子墓の域内に入った三人を「聖域を犯すとは何事だ」と猛々《たけだけ》しく咎《とが》め、ついには三人それぞれに「始末書」を書けと責め立てたのである。結果は、柳田が見事に「若い衛士」の落ち度を指摘して事なきを得たが、問題は、「聖域」という考え方がこの文脈で語られるということである。

本文でみたように、天皇陵を「聖域」とする考え方には長い歴史がある。蒲生君平《がもうくんぺい》著『山陵志《さんりょうし》』から天皇陵を「宗廟」とする考え方をみたが、その「宗廟」との文言が『続日本後紀』からの引用であったことを顧みれば、そのような考え方は、古く平安時代にまで遡るものであることが知られる。「宗廟」即ち「聖域」と考えられることはすでにみた。もちろん、『続日本後紀』から蒲生君平著『山陵志』までの間には長い時間の経過がある。この間、天皇陵を「宗廟」、つまり「聖域」とする考え方は、決してゆるぎなく存し続けたのではない。本書では触れ得なかったところであるが、それこそ行きつ戻りつがあった。

蒲生君平が『山陵志』で『続日本後紀』の「宗廟」との文言を引いたのも、そのような考え方が連綿として受け継がれ続けてきたことに拠るのではない。むしろ、蒲生君平の頃に天皇陵を「聖域」とする考え方が希薄であったことの裏返しとみられるべきである。

さて、幕末期になされた文久の修陵によって、天皇陵を「宗廟」、ないし「聖域」とする考え方は具体的な形をともなって人びとの眼の前に立ちあらわれることになった。それぞれの天皇陵には鳥居が設《しつら》えられ、まさに拝まれるべき所として天皇陵は位置付けられ、それに相応しく造りかえられた。

その最たる例が神武《じんむ》天皇陵である。つまり、神武天皇陵がどこにあるのかからはじまって、修補を尽くして完成し、「聖域」としての面目を大いに施すものにする。それと同時に「聖域」の周りには人びとが群がるようになる。そのひとりとして取り上げたのが奥野《おくの》陣七《じんしち》である。その際にも述べたが、「聖域」といってもただそれだけでは何の意味もない。「聖域」を「聖域」として認める人びとがあってこそ、はじめて「聖域」は「聖域」としての意味をもち得るのである。

さらに言えば、「聖域」中の「聖域」として営まれた明治天皇陵にしたところで、その場所や構造については葛藤や批判があったのである。「聖域」というのは、いきなり完成した形に出来上がるのではない。

それでは、安徳《あんとく》天皇陵や長慶《ちょうけい》天皇陵についてはどうか。すなわち安徳天皇陵の遺骸の存する場所はそもそもわかりようもなく、長慶天皇はそもそも即位があったかどうかについて長年の議論があり、その上、実に数多くの安徳天皇陵・長慶天皇陵とされる場所が各地に存したのである。その中からどのようにして「聖域」を決定するのか。天皇陵を決定しようとするのに、これほど困難な天皇陵もないであろう。

最後に考えなければならないのは、天皇陵を「聖域」とする考え方と、天皇陵とされた古墳を天皇陵としてではなく古墳とみて、これを「文化財」とする考え方についてである。「文化財」として考えるのならば、「文化財保護法」の適用を受けなければならないのは当然である。そうならば、「聖域」であると同時に「文化財」でもあることに、はたして矛盾はないのか。よくよく筋を立てて、歴史をひもといて考えなければならない問題である。

さて、そろそろ本書も幕を閉じる時が近づいたようである。天皇陵をめぐる問題というのは、率直なところ、なかなか結論を出しにくい。あれやこれや考えを巡らせても、ますます考えに迷うばかりで先がみえるということがない。手を尽くしてさまざまな史料に接しても、それこそ謎は深まるばかりである。

しかし、考えれば考えるほどに、そしてさまざまな史料に接すれば接するほどに、天皇陵についての興味は尽きるところがない。

それは天皇陵をめぐる問題が、わが国の古代国家の形成を実証的に解明しようとすることと直接に結びついていることと同時に、天皇陵をめぐって、さまざまな時代のさまざまな人びとが、それこそ実にさまざまな言動を繰り広げてきたからに他ならない。長い時代にわたって、天皇陵ほど人びとの議論を誘い、また、関心を惹《ひ》き付けた事柄は、はたしてあったであろうか。

何も大上段に構えてこう言うつもりもないけれども、天皇陵は、ありとあらゆる角度から捉えることができる実に興味深い歴史学のテーマである。その魅力の一端でも読者の皆さんにお伝えできたなら、著者としてこれに過ぎる喜びはない。

参考文献

本書の内容に直接かかわるものに限った。なお、本文で指摘したものは改めて挙げなかった。

図書

安藤英男著『蒲生君平山陵志』（昭和五十四年六月、りくえつ）
星野良作著『研究史神武天皇』（昭和五十五年十一月、吉川弘文館）
外池昇著『天皇陵の近代史』（平成十二年一月、吉川弘文館歴史文化ライブラリー83）
鈴木良・高木博志編『文化財と近代日本』（平成十四年十二月、山川出版社）
外池昇監修『文久山陵図』（平成十七年二月、新人物往来社）
外池昇著『事典陵墓参考地――もうひとつの天皇陵――』（平成十七年七月、吉川弘文館）

外池昇著『天皇陵論――聖域か文化財か――』（平成十八年七月、新人物往来社）

論文

外池昇著「『文久の修陵』における神武天皇陵決定の経緯」（調布学園短期大学『調布日本文化』第九号、平成十一年三月）
外池昇著「近代における陵墓の決定・祭祀・管理――式年祭の変遷――」（歴史科学協議会『歴史評論』第六七三号、平成十八年五月）
外池昇著「大正十五年『皇室陵墓令』成立の経緯」（歴史学会『史潮』新六十三号、平成二十年五月）
外池昇著「奥野陣七と神武天皇――神武天皇陵と橿原神宮の周辺――」（成城大学大学院文学研究科『日本常民文化紀要』第二十七号、平成二十一年三月）
外池昇著「終戦直後における陵墓をめぐる動向」（成城大学文芸学部『成城文芸』第二〇九号、平成二十一年十二月）
外池昇著「『神社新報』にみる陵墓をめぐる論調――仁徳天皇陵発掘計画と高松塚古墳発掘――」（成城大学大学院文学研究科『日本常民文化紀要』第二十八号、平成二十二年三月）

外池昇著「古代天皇陵の実態と謎――古墳時代の歴史・文化を伝える貴重な文化財――」（『歴史群像シリーズ特別編集古代天皇列伝』（平成二十二年七月、学研パブリッシング））

外池昇著「応神天皇陵」（鶴岡八幡宮『季刊悠久』第一二二号、平成二十二年八月）

外池昇著「陵墓をめぐる事ども――斉明天皇陵と応神天皇陵――」（歴史書懇話会『歴史書通信』第一九五号、平成二十三年五月）

なお［図6］［図7］の典拠とした『巡陵紀程』は、五章でみた上野編『山陵』（大正十四年七月）の付編にあたる。

切りとり線

★読者のみなさまにお願い

この本をお読みになって、どんな感想をお持ちでしょうか。祥伝社のホームページから書評をお送りいただけたら、ありがたく存じます。今後の企画の参考にさせていただきます。また、次ページの原稿用紙を切り取り、左記まで郵送していただいても結構です。

お寄せいただいた書評は、ご了解のうえ新聞・雑誌などを通じて紹介させていただくこともあります。採用の場合は、特製図書カードを差しあげます。

なお、ご記入いただいたお名前、ご住所、ご連絡先等は、書評紹介の事前了解、謝礼のお届け以外の目的で利用することはありません。また、それらの情報を6カ月を超えて保管することもありません。

〒101—8701（お手紙は郵便番号だけで届きます）
祥伝社新書編集部
電話03（3265）2310
祥伝社ホームページ　http://www.shodensha.co.jp/bookreview/

★本書の購買動機（新聞名か雑誌名、あるいは○をつけてください）

________新聞の広告を見て	________誌の広告を見て	________新聞の書評を見て	________誌の書評を見て	書店で見かけて	知人のすすめで

★100字書評……天皇陵の誕生

名前
住所
年齢
職業

外池 昇　といけ・のぼる

1957年、東京生まれ。1988年、成城大学大学院文学研究科日本常民文化専攻博士（後期）課程単位取得修了。現在、成城大学文芸学部教授。著書に『幕末・明治期の陵墓』『天皇陵の近代史』『事典陵墓参考地―もうひとつの天皇陵』（以上、吉川弘文館）『天皇陵論―聖域か文化財か』（新人物往来社）ほか、論文多数。

天皇陵《てんのうりょう》の誕生《たんじょう》

外池《といけ》 昇《のぼる》

2012年3月10日　初版第1刷発行

発行者……………竹内和芳
発行所……………祥伝社《しょうでんしゃ》
〒101-8701　東京都千代田区神田神保町3-3
電話　03(3265)2081(販売部)
電話　03(3265)2310(編集部)
電話　03(3265)3622(業務部)
ホームページ　http://www.shodensha.co.jp/

装丁者……………盛川和洋
印刷所……………萩原印刷
製本所……………ナショナル製本

Printed in Japan　ISBN978-4-396-11268-4　C0221

〈祥伝社新書〉
日本人の文化教養、足りていますか?

024
仏像はここを見る
鑑賞なるほど基礎知識
仏像鑑賞の世界へようこそ。知識ゼロから読める「超」入門書!
作家 瓜生《うりゅう》 中《なか》

035
神さまと神社
日本人なら知っておきたい八百万《やおよろず》の世界
「神社」と「神宮」の違いは? いちばん知りたいことに答えてくれる本!
ノンフィクション作家 井上宏生《ひろお》

161
《ヴィジュアル版》江戸城を歩く
都心に残る歴史を歩くカラーガイド。1〜2時間が目安の全12コース!
歴史研究家 黒田 涼

134
《ヴィジュアル版》雪月花《せつげつか》の心
日本美の本質とは何か?――五四点の代表的文化財をカラー写真で紹介!
作家 栗田 勇

222
《ヴィジュアル版》東京の古墳を歩く
知られざる古墳王国・東京の秘密に迫る、歴史散策の好ガイド!
監修 考古学者 大塚初重《はつしげ》